TRIALPH.

IMPRIMERIE DE M᎒ V• POUSSIN,
Rue et Hôtel Mignon, n. 2.

LES ROUERIES
DE
TRIALPH,

NOTRE CONTEMPORAIN AVANT SON SUICIDE.

Par M. Cassailly.

> Ah!
> Eh! hé?
> Hi! hi! hi!
> Oh!
> Hu! hu! hu! ha! hu!
> -- *Profession de foi par l'auteur.* --

PARIS,

SILVESTRE, LIBRAIRE-ÉDITEUR,
rue Thiroux, n. 8.

BAUDOUIN, RUE ET HOTEL MIGNON, N. 2.

1833.

— Où allons-nous ?

— Je vais à la mort... En attendant, je m'amuse à faire un livre, dont mon suicide sera le dénoûment.

— Sur votre parole d'honneur, mon cher désespoir, vous aurez le courage de jouer cette facétie de drame-là ?

— Oui.

VI

— Diable ! l'ouvrage se vendra... Avez-vous des dettes ?

— J'en ai.

—

Si je veux me désabuser de vivre plus longtemps, je suis pourtant à peu près jeune encore. Ma tête s'est déplumée au souffle des passions orageuses, mais maintenant je préfère un crâne chauve : cela rend philosophe aux yeux de vos danseuses, dans un bal. D'ailleurs, il me reste plus de dents sur la machoire que dans la bouche creuse de certains cadavres. Et puis, je vole des cigarres chez tous mes amis, et des bouquets de violettes chez toutes mes maîtresses !

Mais, par exemple, entre autres choses, je me suis ennuyé enfin de commettre des plaisanteries d'adultères, sans conséquences; et, organisé de manière à chercher des distractions partout, jusque dans les crimes, je me suis mis à l'ouvrage de deux ou trois assassinats, seulement sans doute afin de passer le temps, et pour l'honneur du système Gall, d'après les bosses qu'un carabin démontrerait probablement sur l'occiput de mon squelette.

Donc, aujourd'hui, je fuis la justice commune des hommes; et je roule, assis dans le coupé d'une Diligence, vers la mer, où je vais me noyer. Vous sentez bien que je dédaigne les horreurs de la Morgue à Paris, et qu'il est plus décent de m'éteindre au milieu des gouffres de l'incommensurable Océan, où nul n'aura mes os.

VIII

Je vais d'abord vous avouer une chose, parce que vous aimez les *préfaces*.

Ceci ne devrait pas avoir de titre : ce sont des idées ou des mots qui possèdent une valeur quelconque; mais la monnaie ne serait frappée à aucune effigie.

— Pourquoi ?... —

Demandez-le à mon siècle que les matérialistes de la Révolution française ont guillotiné. Car la tête de l'humanité, c'est l'idée : Dieu !

Riez donc.

C'est votre métier de rire depuis que quelqu'un a rimé la *Pucelle*. Mais devenez conséquens.

Vous dites : Je suis libéral, républicain

ou carliste; je pense à la patrie, je veux le bonheur de tous...

Moi, je réponds : Vous êtes des noms propres; vous ne pensez à rien; vous voulez vivre à vivre !...

Je me résume. Vous êtes les membres froids d'un cadavre. Ce que vous appelez Ordre ou Liberté, c'est du galvanisme. Sautez, grenouilles !

Dans votre société désorganisée, il ne faut point de lien entre un raisonnement et une conséquence, et oubliant d'entrer, chapeau bas, dans la logique des faits, vous ne comprenez rien que des mélodrames.

Voilà des phrases! Voilà des caricatures à la silhouette! Toute votre littérature, toute votre législation politique, morale et religieuse, rivaliseraient avec un carton d'estampes, avec un album de croquis. Prenez:

je fais cela pour vous, pendant que mon génie dormira, celui qui vient d'en haut!

—

Or, ce que j'écrirai ici, je n'en sais rien. Je veux seulement esquisser quelques vérités sur le citoyen cœur humain. Nous aussi, nous sommes un drame, un drame où l'on peut apprendre beaucoup : il n'y a plus qu'à nous imprimer.

Si l'on voit que, dans notre société actuelle, il ne faut chercher absolument rien de vrai ni de faux, ni vertus ni vices, ni bien ni mal, voilà ce qui se trouve de bon, qu'on puisse aujourd'hui tout confesser à son siècle; et vraiment, monseigneur le Siècle est furieusement aimable d'avoir au moins cela de bon.

Je défends ici qu'on me juge derrière mes paroles, dans le sanctuaire de mes pensées; et voici de mes pensées :

Dans cette époque critique, pour exister selon les conditions d'existence que les nécessités sociales nous imposent, nous n'avons plus que deux mots à comprendre, une fois pour toutes, *dupe* et *civilisation*.

Un crime, c'est une bêtise!...

—

Après tout, ce sont mes mémoires que je signe. J'ai nom Trialph.

Point de généalogie. Je sais seulement que Trialph vient de Trieilph. Cette expression, dans la langue danoise, signifie : Gâchis.

Cependant ne jetez pas d'avance, ô mes juges, une condamnation homicide à la tête du poëme de ma fabrique. Que voulez-vous? Le sort m'a fait pousser poète ou fou, malgré moi peut-être, dans ce monde d'en-bas. Comme ces Napolitains qui se couchent paresseusement, des journées entières, sans envier d'autres plaisirs que je ne sais quelle volupté de nonchalance et de rêverie, moi, pauvre lazzaroni de l'intelligence, je me chauffe au soleil de la pensée; et je m'habituais à ces ivresses d'une âme complaisante.

J'attendais une place; les ministères économisent; j'avais faim, et j'écrivais, le soir.

J'écrivais encore le lendemain, s'il m'était resté assez de capitaux en poche pour prendre la tasse de café obligée quand mon cerveau sue le matérialisme.

Eh! pourquoi n'écrirais-je pas comme un autre? Depuis dix ans, je me fatigue à em-

piler des idées pour moi seul. Voilà le sixième mois déjà courant, je me suis fait ce qu'on appelle un auteur. Je vous montrerais trente billets dont la suscription est à l'adresse de M. Trialph, *homme de lettres....*, et j'ai trouvé cela plaisant, pendant quinze jours!.... Ma portière me regardait avec un air si respectueux! — Pourtant cette femme-là, je la méprise; je l'ai toujours méprisée : maintenant même, je la hais. — Il est vrai que je dois un terme entier, et le bois qui m'a chauffé, quand je me chauffais, cet hiver. — Aussi elle ricane en me voyant passer : ses regards s'amusent à devenir insolens; ses paroles sentent la vengeance...
— Mon Dieu! il est donc bien difficile à quelqu'un de se voir peuple, même auprès d'un homme de génie!

XIV

Quand je parle de génie, vraiment je me prends à rire. Moi, je n'ai pas de génie. Autrefois j'ai pu le croire : autrefois je croyais toujours, et je croyais tout : c'était une manie de pléonasmes en fanatismes, en superstitions. Mais, dans ce temps-là, c'était mon âge d'or! J'avais des illusions comme un eunuque de la graisse ; car il me manquait un organe, un sens nouveau, la Raison.

Je voudrais bien qu'on m'expliquât cependant ce qu'on entend par Raison. Je crains de longer ce mot impénétrable, comme nos voyageurs modernes le vaste empire de la Chine, sans pouvoir entrer dedans...

J'ai parlé de génie, quelques lignes plus haut, et j'y reviens ; car, moi, je suis assailli long-temps par les mêmes idées, tel qu'un arbre reçoit sur toutes ses feuilles les gouttes nombreuses de la pluie... D'ailleurs, mon âme a besoin de se dégonfler, ainsi qu'une tonne de bière rejette l'écume de la levure au moment de la fermentation. Or, je permets à ma plume de courir; et je ne m'occuperai pas de retenir mon esprit, comme cet oiseau arrêté dans son vol par le fil capricieux dont parle Juliette dans Shakespeare.

L'Académie le verra bien, au reste : je ne sors pas de la cage classique de mon sujet, puisque je cite ici Shakespeare à propos de génie. Et quel génie! Que tu es heureuse, Angleterre! que tu es heureuse! mais que tu serais fière, si nous n'avions pas notre Molière! Ils sont assis haut, tous les deux, et se regardent face à face!

Où êtes-vous, artistes impuissans qui devriez devenir les législateurs du monde?

Au lieu de nous fatiguer de vos discussions oiseuses, au lieu de couler votre littérature en lingots, avec une inscription pour chaque étiquette : Ceci est comédie, cela drame ; ceci est classique, cela romantique...., ah! méprisables préfaciers, traduisez dans l'art un principe géant : concevez, créez, flûteurs à la douzaine!... Ou bien arrière! arrière!... Et qu'on lâche sur vous ceux qui hennissent là-bas, comme le cheval de Job., par des narines qui soufflent le feu!...

—

Il se pond des gens qui vont sans cesse bonnetant le Moyen-âge et la couleur locale.

Moi, j'aime Rabelais et la vieille Notre-Dame.

La Walterscotterie m'ennuie par-dessus toutes choses. Pauvre France! où, imitateurs que nous sommes d'habitude, avec nos passions factices et de mécanisme, on se convulsionne, devant des copies, à des pamoisons de singes!

—

Dieu m'aidant, je passerai utile à mes contemporains. Une fois, une seule, je vais ici dégorger mon talent de jeune homme. O mon art! ô mon art! donne-moi vite un trône! Je vois là mon siècle qui fait antichambre en attendant le maître!...

Bonnes ou mauvaises, je récuse d'avance toutes les critiques. Ce que j'écrirai ne sera jamais d'un homme qui se jette à genoux pour vous prier de trouver bien qu'il se soit mis à picorer d'après ses rêves d'artiste.

Nous ne voulons pas plus aujourd'hui des préfaces selon Boileau l'académicien, que de la monarchie selon Louis-le-Grand.

Vous jugerez, ô journalistes!

Que m'importe? Le poète, c'est un Dieu cloué en croix!

—

Dame! il faut l'avouer : l'époque est bavarde, bavarde comme grand'mère qui raconte tout ce qu'elle a fait, vu, entendu; et si bien bavarde que, sur mon honneur, c'est une large tache au soleil de ses perfections.

Je suis aussi colossalement homme de génie que six cents verbiageurs de notre confrérie littéraire qui fument le même tabac que moi, depuis que nous lisons Hoffmann *le fantastique* en France. Mais apparemment je deviens enclin au parlage; et, depuis une demi-heure, j'ai rêvé de *poeschies* avec autant d'insouciance qu'on va au rendez-vous d'amour, où l'on s'ennuie chaque soir d'être heureux. Il vaudrait mieux, peut-être, jeter ma cognée dans l'action; mais jugez-moi avec mes contemporains qui ont aussi un drame, l'Épopée de juillet, à finir; et qu'attendent-ils?....

—

J'aime peu les rois quand ils ne servent plus à rien.

Si l'on pouvait encore graisser les rouages de la machine gouvernementale avec le despotisme, j'adorerais le despotisme d'une monarchie absolue.

Il sied mal cependant de regretter l'impossible et de croire au passé... Quant au présent, n'est-ce pas l'écorce de l'avenir ?... La sève de vie coule toujours au dedans.

Folie d'ailleurs que cette légitimité avec laquelle plusieurs veulent nous prendre à la pipée ! Après les débauches d'un sultan bigot et les roueries d'un misérable barbet toujours en rut, la France adultérisa aussi : et quand la Révolution laissa sur sa couche tant d'écume pour chacune de ses caresses, oui, je vous le demande à haute voix, comment il put arriver que cette dynastie de Bourbons ait plaidé contre ce divorce avec le secours de trois millions d'esclaves en habit rouge ou vert, dont le canon déchira nos drapeaux tricolores et nos cocardes de fiancailles dans les plaines sanglantes de Waterloo!...

Ce qui s'est fait là gênait Louvel pour dormir!

—

Dans la lutte actuelle entre les peuples et les rois, malheur à qui trace une ligne en faveur des maîtres contre les prolétaires, véritables serfs de la civilisation moderne! Oui, malheur! C'est alors que toute une vie ne suffirait pas pour pleurer son repentir, même avec des pleurs de sang. Après les traîtres qui pourraient livrer à l'étranger le sol de la sainte patrie, il n'y a plus que d'infâmes donneurs de louanges vénales, pour lesquels il faudrait inventer un enfer de Dante pendant la longue éternité.

—

Quand le fils d'un régicide que Mirabeau

l'aristocrate ne devait pas juger, s'est laissé habiller roi, croyons qu'il voulait remplir un grand devoir.

Mais.....

Mais il me reste sans cesse présent à l'esprit que l'aiguille qui compte les années de notre ère constitutionnelle s'arrêtera tôt ou tard : car on se sera enfin lassé d'entendre des avocats phraser sur le thème des pour ou contre.

Chut !

Il y aura pourtant des obstacles.

Avant de déterrer une république, renversez les maisons à neuf étages, et pétrissez-moi un peuple.

Noircissez donc, à combiner un plan, deux rames de grand raisin, comme feu M. Malherbe à limer une strophe !... Il ne lui venait point d'idées ; il ne vous viendra point de peuple. En vérité, je le confesse à voix basse, on ne rencontre plus personne de bonne volonté.

Athènes avait ses non-bourgeois, Sparte ses ilotes, Rome ses esclaves.

En France, quel citoyen échelonnera humblement sa capacité à me cirer mes bottes de poète crotté, quand je polis mes ongles au citron?... Mes cinquante maîtresses me tromperaient l'une après l'autre..... Dalhia, ma blonde Dalhia, la magicienne aux yeux bleus de gazelle, aux oreilles mignonnettes, aux lèvres de velours-cerise, en mourrait de honte, toute pâmée, toute chiffonnée, sur sa *paresseuse*.....

Décidément, la république est impossible en Europe!

—

A propos, je renonce à devenir ministre.

— Bonsoir, monsieur mon lecteur; vous murmurez là, il me semble, contre moi.

— Je m'ennuie de vos digressions. Allons plus vite. Le sujet, morbleu! le sujet! le drame! Hurra! hurra! hurra!

— Monsieur mon lecteur, vous avez tort de me rappeler par ce *hurra* la ballade de Lénore. Je vais vous en expliquer le sens symbolique. Ce bon Burgër a voulu dire, voyez-vous, que, dans un roman où la Pensée et l'Action se sont fiancées d'avance dans la conception de l'auteur, il ne convient pas que l'Action, forme menteuse, créature inanimée, entraîne trop vite la Pensée, qui pâlit, à traverser tant d'objets qu'elle voit à demi, jusqu'à ce qu'elle arrive au cimetière où est creusée sa tombe. Cette allégorie de l'Inspiration, traduite par le Cheval, n'est-elle pas aussi admirablement ironique au Pégase de nos classiques?... Ah! ah! ah! vivent les Allemands!.... Je voudrais être Jean-Paul, qu'on traite de fou chez les marchands et fabricans de mélodrames, à Paris!...

— C'est une personnalité, monsieur : d'ailleurs, n'abusez jamais de la patience du public, croyez-moi.

— Mon cher lecteur, ne me lisez pas....

Des idées, j'en ai qui me donnent la fièvre toutes les nuits! Qui voudra, s'il en doute, vienne ouvrir mes veines : je lui laisserai prendre une pinte de mon sang. Mais ici, je suis froid; je ne sais quel engourdissement enchaîne mes facultés paresseuses : c'est le serpent surpris sous la neige.

Il faut dormir d'un sommeil lourd jusqu'à

l'heure du réveil. Je ressemble à ces hommes pieux qui se couchent parfois dans un cercueil de pierre.... Du moins j'ai lu cela quelque part; et à Dieu ne plaise que j'y trouve matière à hocher une tête incrédule... Oh! non, non, je ne veux plus rien nier! Heureux seul qui marche pour marcher, qui vit pour vivre! heureux qui ne rêve pas pour penser! Et pourtant la pensée, c'est la vie, toute la vie!

—

J'ai un aveu qui me pèse.

Je suis malheureux!

Malheureux! Y a-t-il ici quelqu'un pour comprendre ce mot là? Je n'ai vu personne pleurer... Ils me regardent tous comme un visage qu'on rencontre partout... On dirait

que ma voix a son accent de tous les jours...
Et l'on me jette maintenant un sourire, comme une couronne à un comédien !

Oh ! ma pauvre mère !

Ma mère ! Tu m'as donné la vie, tu as veillé, pendant des nuits longues et froides, auprès de moi, faible enfant qui reposais dans un berceau; tu m'as appris les premières paroles que j'ai bégayées; tu m'as enlacé de soins et de tendresses; tu m'as donné tes baisers les plus doux; tu m'as choisi peut-être pour me nourrir de tout ton amour; tu as porté la main dans toutes mes plaies; tu m'as fait une enfance parmi les jeux, les plaisirs; tu as pleuré beaucoup sur mon avenir; tu m'avais averti... je t'ai coûté la santé, le bonheur : ma mère, hélas ! et je maudis mon existence !...

Oui, je la maudis, parce qu'on dirait que,

XXVIII

moi aussi, je porte sur mon front un signe de malédiction ! Oui, je la maudis, parce que j'ai douté souvent...

—

Quand donc nous arrêterons-nous au premier relais de station ?... Ma plume ne m'obéit guère : elle fait l'égoïste.

—

Oh ! mon cher lecteur, je vous tiens la main sur une réflexion qui passe entre nous; et il me démange de vous prouver que l'égoïsme est la base de toute vertu possible. Pourtant, je préfère vous renvoyer à votre conscience, s'il vous en reste une. Pensez seulement une fois, pendant que vous épélerez, à trois reprises, le mot *dévouement* qui sort en dehors de vos lèvres.

XXIX

Oh! oui, puisque l'on saupoudre l'athéisme sur le globe, puisque sous cette rosée, la démoralisation a germé si bien que toutes les plus vraies, les plus belles abstractions sont devenues simplement une chose, ne résulterait-il pas de là qu'en raisonnant l'égoïsme, on pourrait donner le bonheur à ce monde civilisé, où l'immortalité de l'âme est un paradoxe?

Cette idée m'est venue, un soir, en m'arrêtant près d'un buste en sucre de Napoléon, qui a trouvé, lui, le système continental...

Ah! une pensée d'homme doit-elle donc devenir toujours un intérêt de petite vanité?... Je pose ceci comme conclusion.....

—

Cette nuit sera une belle nuit d'été.

Pour ceux qui ne savent pas trop de souvenirs; pour ceux dont les émotions n'ont pas de lendemain; pour ceux dont la vue ne comprend jamais rien au-delà du cercle de l'optique, et qui se réjouissent à des choses de rêverie, sans que ces agaceries chatouilleuses de leurs sens arrivent jusqu'à féconder une seule de leurs pensées; pour ceux qui, comme Childe-Harold, poète, dans les préoccupations de leur sympathie, n'éprouvent point sans cesse des regrets de préférence mal oublieuse ni en faveur de la Grèce, la Grèce qu'il faut aimer d'amour avec sa brise caressante, ses bois d'oliviers, ses monts, ses lacs et ses ruines; ni en faveur de cette Italie, l'épouse du printemps, où nous retrouvons des monts, des lacs et des ruines aussi, puis des parfums encore et des chants de gondoliers : pour ceux qu'une nourrice superstitieuse, adossée le soir à la tour du clocher de l'église villageoise, n'a pas laissés s'ébattre sur la pelouse, auprès d'un cimetière, tandis que toute ronde au bout d'une ligne de peupliers, la lune.....

— La lune est ce que j'honore de plus d'adorations. La lune! mais c'est ma première, ma meilleure, ma seule maîtresse... (Les autres, vous le savez, ô mes sens! n'ont qu'une valeur de zéros...) Je reprends ma première phrase :

...Ressemblait magnifiquement à une boule au milieu d'un jeu de quilles; oui, oui, je le répète, pour plusieurs de mes frères, cette nuit sera une belle nuit d'été!

Et cependant, en présence de ce ciel de Cobalt, de ces broderies d'étoiles sur la robe satinée des nuages, de cette lampe d'albâtre suspendue à la voûte du temple de l'univers, pitié! pitié! sur moi jeune homme, dont l'âme a froid de tout son égoïsme athée!..

—

Mon cher lecteur, écoutez-moi, et retenez ceci : avant de commencer son poëme, il est bon que l'artiste en prépare les effets par un morceau d'ouverture.

Or, prenez ce qui a été écrit déjà pour une préface.

I.

Nanine, ce n'était vraiment qu'une enfant.

Je l'ai connue toute prête à éclore; elle avait seize ans. Petite étourdie! elle était bien gentille de n'avoir encore que cet âge là. On se disait, en la voyant : Voilà une enfant!

Cependant, la première fois que je me trouvai dans le salon de madame de Massy, sa grand'mère, elle répondit si gracieusement à mon salut, que je me hasardai, plus tard, à lui adresser deux ou trois sottises de compliment, comme un honnête homme de fat, qui se permettait des distractions vis-à-vis d'elle, pour remplir seulement quelque devoir de politesse.

Ma foi, je m'aperçus vite d'avoir eu tort.

La jolie friponne donnait, aux beaux jeunes gens surtout, des regards qui fouillaient dans leur âme. J'assure aussi qu'elle montrait bien des choses dans un de ses sourires, et Nanine trouvait l'occasion de me sourire avec une mine toute mignonnement boudeuse, chaque fois que je ne prenais pas trop les airs de penser au pied de sa voisine.

Voici donc qu'un soir, enfin, il me vint tout à coup cette réflexion dans l'esprit : elle est coquette !

II.

Je n'aime pas les femmes coquettes, mais je ne puis rien aimer : seulement je les adore. Il ne faut, sous aucun, prétexte aimer une femme, mais on peut les idolâtrer toutes ; et même cette impertinence là est de rigueur pour savoir vivre.

De sorte que les sourires de Nanine me semblèrent une ineffable plaisanterie. J'entrai en adoration de la petite.

Un moment j'hésitai. Je me remémorais mal-à-propos de vieux principes de morale vulgaire ; je me reprochais par avance la douleur de sa mère, et sa mère a des cheveux blancs ! mais j'imposai enfin silence à ces criailleries de conscience. Je ne hais pas de temps en temps quelque remords....

Nanine se brûla tout à fait au feu de mes regards. Nanine donnait de l'aile pour me suivre dans tous mes mouvemens. Voyant cela, je me crus obligé de lui jeter froidement cette phrase à l'oreille : Vous nous compromettez, mademoiselle. — Elle n'osa pas rougir.

Le lendemain, elle devint malade.

Il fallut l'empêcher de trop dépérir. Je lui demandai brusquement : Pourquoi m'aimez-vous? — Elle en fut bien reconnaissante, et soupira. Je fis une pirouette..... Elle tremblait d'émotion.

Quand je revins à elle, nous causâmes tout haut de grosse politique. Pour en finir, en la quittant, je l'avais étourdie de cette déclaration tombée du bout de mes lèvres : Je vous aime autant que la chère république....

Elle se rassura donc un peu de l'estime dont elle s'était prise auparavant pour moi, craignant mes dédains.

III.

Il y avait là, avec des yeux bleus, un teint pâle sous le bismuth et le vermillon, des lèvres décloses par l'haleine chaude de l'amour, une fossette au menton, un pied de Chinoise, des mains frottées de lait virginal, et une taille à l'entonnoir, une comtesse, naturellement bien née, qui, disait-on, n'avait été courtisée que par des colonels de l'usurpateur et des maîtres des requêtes de la restauration surtout; n'avait jamais ruiné, même involontairement, que trois ou quatre fournisseurs d'armées, ou banquiers, ou ambassadeurs, ou fils de régicides; n'estimait que son premier confesseur, n'épousa que M. le comte, et ne s'était laissée manquer qu'une seule fois par un beau chanteur de l'Opéra-Comique.

Cependant madame de Liadières se passionnait à passer pour une femme vertueuse, même dans l'intimité de ses meilleures amies.

J'allai droit à elle.

D'abord je m'étonnai qu'elle se tînt solitaire dans le salon; puis je la blâmai respectueusement. La coquette monosyllabait en me répondant.

Nanine s'apprêtait à devenir toute gaie. Je l'avais pressenti de loin.

La belle prude, de son côté, commençait à se complaire dans ce triomphe, où j'avais l'honneur d'attacher tant de prix aux perles de ses rares paroles; et il était temps, ma foi, de me sauver d'une défaite.

Je l'attaquai à bout portant de complimens sur ses cheveux, sur ses bagues, sur la couleur de sa robe. La vertu de la dame faisait l'insolente.

Je tombai en rêverie, muet, et les yeux hardis à l'admiration de sa gorge rose, sous la gaze blanche. L'implacable vertu n'eut de pitié pour moi, qu'en descendant jusqu'à se troubler par un peu de pudeur ; mais elle s'enflait au vent de la prospérité.

Je me disais donc qu'il fallait piquer d'un bon coup d'éperon cette rétive, lorsque je me souvins d'employer une ressource à peu près infaillible. Là-dessus, comme un homme qui cause avec ses gants, je lui sifflai seulement tout bas les noms propres des gens dont on pouvait se moquer devant nous. Ceux qui me regardaient me crurent tendre...

Olympe s'en fâcha peut-être, et se détourna. Je m'y attendais. Tout à coup je partis méchamment d'un éclat de rire étouffé à dessein, ne faisant cela que pour elle. Je crois qu'elle n'y comprit rien, pâle et interdite qu'elle était. Je me penchai donc vers ma victime ; et, pour mieux jouer publiquement les airs de confidence amoureuse, j'étalai tant de respect, que ceux qui pensaient à nous, pensèrent : Il lui demande pardon!...

Ici, je glissai une malice sur le soulier d'une danseuse qui n'osait pas boiter. Comme toute femme, elle ne put se défendre de sourire. Alors, sans laisser refroidir l'action de ce petit drame, qui touchait au dernier acte, je lui montrai aux bras de la jolie reine du bal quelques taches violettes, marqueterie de petite vérole, qu'elle n'avait pas vues elle-même. Elle ne résista donc plus; et nous causâmes long-temps avec toutes les douceurs du tête-à-tête, moi, le nez levé, l'œil discret, la bouche épanouie, et me gorgiasant à l'aise...

Nanine était incendiée de jalousie.

Je l'abordai enfin.

— Voulez-vous m'écrire?
— Jamais! dit-elle.
— Vous avez parfaitement raison.

IV.

Voilà où j'en étais, réglant le compte des battemens de mon cœur.

Je me disais : je suis déplorablement malheureux ; la vie m'ennuie ; je hais la société. J'ai eu tort de manquer mon coup, lorsque j'essayai de me tuer à dix-huit ans : je pouvais alors mourir, car je croyais faire un sacrifice à quelqu'un, à quelque chose, à moi-même. Aujourd'hui, je ne puis plus avoir l'envie de me déshabituer de cette curiosité de vivre jusqu'au bout. Il y a, dans le passé, trois ou quatre années d'existence inutile qui me forcent à subir les conséquences de ma position. Et puis, surtout, je sais qu'il est tombé plusieurs gouttes d'huile qui font tache sur ma conscience. Pourquoi mourir avant l'heure où les vers viendront au-devant de la matière ?

Vivons!... je vivrai!...

Je veux vivre insoucieux des choses et des hommes, dédaignant la pensée et les faits, n'épluchant plus la valeur d'aucun principe d'aucune vérité, et souffrant que mes impressionabilités successives éparpillent au hasard les actions diverses qui formeront un jour inégalement une même chaîne avec des anneaux disparates.

Cette philosophie n'est pas bonne, mais toute philosophie meilleure serait mauvaise pour moi. Après ce qui s'est passé sous mes yeux depuis que je vois, je ne me dois qu'une dette à acquitter : c'est le devoir de ma conservation. Chacun y veille instinctivement, selon ses facultés. Moi, je suis né avec le besoin de passions fortes et aventureuses. Le sang que j'ai ne coule pas sans bouillonner. Je deviens malade à me conduire sagement. J'ai trop rêvé de vertu d'ailleurs pour être vertueux; car mes rêves, mes inspirations d'enthousiasme dépasseront toujours mes plus grands efforts; et pour qui serais-je vertueux? Je n'ai de Dieu qu'à force de raisonner; je n'ai de patrie que si j'y crois; je n'ai de famille que dans les conditions d'arriver au bonheur; je n'ai d'amis que pour être dupe; je n'ai un nom que comme étiquette d'un sac vide.

J'ai tout désaimé!

Maintenant vienne à moi, non le bonheur, mais le plaisir! je le prendrai comme il sera. Je ne crains que l'ennui.

Fi du néant de la vertu!

Les hommes, je les tromperai. Je trahirai les femmes.

Et puisque maintenant ces deux-ci, l'une jalouse, l'autre présomptueuse, s'abandonnent à mes coquetteries, je vais les mettre en regard, pour se haïr à souffrir.

Je jouerai là un jeu plaisant.

Je n'aimerai pas. Je ne puis aimer...

— Je m'endormis.

V.

Il est matin d'une journée d'avril, où la nature, jeune fille encore, devient toute mystérieuse à de vagues fantaisies d'amour...
Comme après avoir long-temps ramé peut-être sur un autre lac aux flots indolens, on s'écoute balancer au milieu de ces harmonies intimes de silence et d'immobilité, sans doute je me serai laissé glisser au courant paresseux des plus douces ondulations de la rêverie; sans doute jusque dans les complaisances du sommeil, j'aurai songé de délicieuses folies, de suaves voluptés d'imagination ; car, à l'éveil, mes paupières, baignées d'ivresse et de langueur, se lèvent mollement frémissantes, sous l'aile des souvenirs, ainsi que tremblent

des feuilles, quand les petits oiseaux quittent leur nid mouillé de rosée!...

Cependant je descends déjà tour à tour de mes sensations à des sentimens, de mes pensées à des mots... Me ressouvenant qui je suis, je me parle à moi-même de Nanine et d'Olympe.

Et comme je balançais dans le choix de ma première visite, je trouvai un singulier expédient de fixer ma prédilection.

Je pris un volume entr'ouvert de la veille sur mon canapé, disant à haute voix : La page droite sera pour Nanine, la page gauche pour Olympe, et la plus haute lettre l'emportera!..

J'ouvris le livre.

Dieu me damne! c'était, s'il vous plaît, la douce histoire de Roméo et de Juliette!

Ainsi je m'amusais à répondre par une sorte de blasphème d'indifférence et d'égoïsme, à cette brûlante passion de deux jeunes âmes qui s'aimèrent au bal, après un serrement de main, et s'aimèrent jusqu'à la mort, dont ils voulurent ensemble comprendre le malheur!.... Oh! je ne craignais plus, m'étant fait athée, aucune profanation : mais j'eus peur de cela, oui, j'eus peur!...

Je recommençai avec une Bible, où je déchiffre parfois l'énigme emblématique des vieilles traditions du monde.

Olympe avait Adam!..... Nanine avait Eve!.....

Je me mis à sourire, devinant quelque chose.

Je sortis pour aller voir madame de Liadières.

VI.

Quand j'entrai dans le boudoir de la comtesse, un jeune homme passa près de moi, frisant nonchalamment ses moustaches; il fit tout son possible pour n'être que respectueux, en lui disant : Adieu, madame!...

Elle revint à moi, ne s'avouant pas si elle devait rougir; et je ne sais quoi me déplut tellement dans elle, que je m'ignorai tout à fait dans les airs du rôle que j'avais prétendu jouer.

— Comment se porte votre chère santé, me dit-elle ?

— Ma santé s'ennuie personnellement, répondis-je, après une grande réflexion d'homme distrait.

Etonnée, elle reprit :

— On s'ennuie vite aujourd'hui. C'est cela qui explique le besoin de place publique, que vous avez tous, messieurs, pour dépister quelques nouvelles, les moins anciennes.

J'entendis seulement la fin de cette phrase, pour ne pas compromettre ma politesse :

— J'ai découvert que mon domestique me vole depuis le jour où je l'ai récompensé de son zèle....

J'ajoutai, voyant qu'elle souriait :

— Du reste, les domestiques sont faits pour voler leur maître, comme maintenant les peuples pour bâter les rois.

— Vous me parlez politique, fit-elle, toute boudeuse.

Mais je n'avais plus l'intention de prendre garde à lui donner satisfaction de moi, et je m'enracinai dans cette impénitence finale, pour la demi-heure que j'avais à lui sacrifier.

Elle résolut probablement, au contraire, d'être aimable jusqu'au bout.

— Pourquoi y a-t-il alors, monsieur, des maîtres et des rois ?

Son *monsieur*, grasseyé adorablement, ne m'ébranla point.

— J'ai envie de vous répondre : parce qu'il y a des domestiques et des peuples.

— Je ne prends pas tout à fait cette philosophie-là pour une naïveté; mais, monsieur Trialph, vous courez risque de devenir un penseur profond.

— En effet, je manque chaque jour d'apprendre beaucoup. Cependant j'en viens toujours là, que je doute même si je doute.

— Pascal, qui a écrit cela le premier, aima-t-il une femme ?

— Moi, je vous aime, madame la comtesse..... oui, je vous aime peut-être !...

Alors je m'approchai d'elle, et je portai sa main lisse à mon front, pendant qu'elle subissait le pouvoir brutal de ce nouveau genre de séduction......

Émue, elle me regarda en soupirant :

— Je vous soupçonnerais presque d'avoir souffert quelquefois.

— J'ai souffert, madame.

— Dois-je vraiment vous plaindre ?

— Non.

— Ah ! vous dévorez Byron ?

— Je le méprise de croire sérieusement, à ne pas croire. Son Manfred désire revoir le fantôme de ce qu'il a tué : voilà un portrait! c'est le poète qui s'est fait ressemblant.

— Quoi! deviendrait-il possible d'aller dans le scepticisme plus loin que lui?

— Oui.

— Vous m'effrayez.... Ah! vous riez à m'effrayer plus encore.. Pourquoi rire ainsi?

— Je ris, madame, de ne pas me voir pendu ou brûlé vif. Un matin, que je rencontrerai la signora société dans les rues de Paris, je veux, en passant, lui jeter au nez cette prédiction, qu'elle mourra l'année prochaine, s'il éclot, par hasard, en France, trois faquins de bouffons comme moi.....

A ces ricannemens, ses prunelles se rougirent de sang : elle monta sa voix sur un ton ferme :

— J'ai toujours raisonné ainsi, monsieur, en allant jusqu'au bout des choses, qu'il vaudrait mieux choisir les croyances bourgeoises d'un homme ordinaire, d'un badaud, que certaines inconséquences du pyrrhonisme. Vivre, c'est déjà croire malgré soi. Je ne fouillerai jamais dans les entrailles de votre conscience; mais montrez votre bonne foi à devenir conséquent. Pourquoi continuez-vous à vivre?

— Le fil n'est pas encore usé; et l'on se dit : Saute, Paillasse !... D'ailleurs, ne pressentez-vous pas, madame la comtesse, que j'ai bien d'autres tâches à remplir dans la mission de mal qu'il me reste à faire ?...

Elle s'écria :

— Eh bien ! monsieur, puisque vous me donnez probablement vos pensées, permettez à ma franchise un conseil sincère... ensuite, si vous me compreniez, vous armeriez vos pistolets !...

Je tombai à ses genoux :

— Femme, que tu es belle ainsi !....

Ce transport imprévu lui ôta un moment l'usage de la parole. Sa respiration impatiente ne soulageait qu'imparfaitement sa poitrine oppressée; mais peu à peu elle n'oublia plus qu'elle était femme.....

D'où vient qu'elle semble se défendre de rougir avec une maladresse quelquefois presque heureuse?... Quelle est la pensée dont chaque nuance laisse si étourdiment une trace dans les plis d'une physionomie qui devient distraite?... Est-ce de pudeur ou de coquetterie qu'elle baisse ses yeux, qui s'enhardissent timidement à plus d'éloquence dans la honte de leurs regards?.....

Je me repentais déjà. Je me relevai.

— Vous êtes un bon jeune homme!...

Et elle pâlissait.....

— Oh! cette émotion trahit l'effet de vos bizarres plaisanteries; ou, peut-être, vous n'en haissez d'autres que pour acquérir le droit de vous haïr vous-même... Oui, oui, je le soupçonnais déjà.... On consentirait si facilement à vous croire moins coupable !...

Je m'imaginai pouvoir ne plus garder aucune mesure pour la détromper cruellement.

— Voilà, madame, une plaisante invention, que le consentement de certaines gens à me lancer au visage une espèce d'estime qui a l'air d'être une grâce de juge bienveillant !... Qui vous permet, femmes, de juger un homme ?.... Avez-vous jamais épelé quelques lettres de ce cœur humain, que vous voulez critiquer à livre ouvert ? Etes-vous donc bien sûres, belles dames, que votre âme n'est pas un archet qui jouera faux plus tard ?.... et même savez-vous qu'il se creuse un abîme entre une pensée d'hier et une pensée d'aujourd'hui ? et pouvez-vous dire : mon œil verra jusqu'au fond de l'abîme?.... — Ah! maintenant, j'ai l'honneur de vous présenter, madame la comtesse, l'hommage désintéressé de mes respectueuses servitudes......

Je triomphais de tant d'humiliation et de son silence.

Cependant je crois que mes ongles déchiraient ma poitrine.

VII.

Je rencontrai un ami.....
C'est jolie chose que les amitiés de collége! Qui que vous soyez, vous trouverez toujours un ami au collége : hors de là, jamais. Adieu les sympathies d'âme!... et voilà pourquoi il se dit que le temps où l'on fabrique des thèmes latins et des *pensum* s'envole avec les plus beaux jours de notre vie!.

Que celui-là surtout y renonce, qui s'empêche d'aimer avec confiance, parce qu'il sait beaucoup le monde et ses poignantes désillusions, et veut éprouver d'avance la valeur des affections sur lesquelles il pourrait s'appuyer... Votre humanité elle-même ne pardonne nullement les confidences que vous lui arrachez. Après avoir cueilli un fruit sur l'arbre de la science du bien et du mal, vous êtes nu au milieu d'une nature nue, au milieu d'hommes nus!.... Ah! cela me fait peine d'avoir si bien compris la Genèse, quand je me trouvais, encore enfant, parmi des camarades étourdis et gazouilleurs!....

J'avais donc un ami de collége.

Je le repète, je suis un hardi douteur, riant, comme don Juan, de ces âmes débonnaires qui vont dans leur vie s'enfarinant à plaisir de croyances de bonne qualité. J'ai mis la main si avant dans le sac où le sort confond les chiffres qui représentent la valeur des choses, que, me prenant en pitié d'avoir long-temps mal jugé les conditions de l'existence, dans une société où l'idiôme des mots est une langue morte, j'ai fini peu à peu par me désamourer, moi, dont la jeunesse avait tant aimé mon père et Dieu, ma patrie et la gloire, mon Molière, et une femme rêvée, surtout!... Cependant, quoique j'eusse dépouillé tout mon vieil homme, je ne pouvais me déshabituer d'une légitime amitié de dix ans, qui avait commencé au collége..... Je me supportais donc à vivre, en me gargarisant parfois de quelques drôleries de sentiment.

Ernest Vaslin était, lui, mon intime, de la brave espèce des gens dévoués à se rendre heureux. Dans toutes ses façons d'être, il se léchait mignardement à ne heurter aucune susceptibilité. De là il se laissait avoir des cheveux presque noirs, un teint presque rose, et presque de la bonhomie pour chacune de ses sallies. Puis, il ne se permettait que des bonnes fortunes décentes, et jamais de dettes malhonnêtes. Ce fils de famille se raisonnait d'ailleurs si bien ses vertus, qu'il plaquait toutes ses actions de principes de morale. Et avec cette individualité-ci (ô le galant homme!) il se carrait admirablement dans son luxe de médiocrité....

A quoi pouvait me servir cette amitié ridicule?

Or, nous nous voyions souvent à nous rencontrer; et quand une de ces rencontres avait lieu, on s'apprenait froidement la plupart des nouvelles où celui-là s'intéressait seulement, dont l'autre recevait la confidence. Ensuite il arrivait toujours, Dieu merci! une distraction quelconque dans ce tête-à-tête d'intimité.

Vous savez bien que souvent il se fait que l'on a des cœurs à soi, dont on ne veut user que dans les grandes occasions d'un dîner ou d'une promenade!....

Ce jour-là, je m'attristais plus facilement

que de coutume de toutes sortes de jovialités facétieuses en matière de politique transcendante, de toilette et d'amourettes. J'éprouvais un étrange malaise de répugnance peu ordinaire pour ces gentillesses d'épigrammes, de quolibets, de gravelures, de bouffonneries, de gaudrioles, de fatuités, dont je sentais rejaillir désagréablement les éclaboussures à l'extérieur de mes pensées; car c'étaient en moi d'autres préoccupations !

VIII.

Le soir, il nous arriva de sabler le champagne, dans une fête brillante en l'honneur d'un peuple qui mourait pour la liberté....

Aussi je l'avoue exprès dans cette histoire, on proposa de nombreux toats. Les membres les plus distingués du banquet (il y avait des députés!) distillèrent, phrase par phrase, mot par mot, des choses parfumées d'un charme particulier. Un *joueur de lyre* chanta, larme à l'œil, des couplets d'un esprit étourdissant, qu'il se rappellera dans son premier vaudeville. On vota unanimement une souscription philantropique pour un bal prochain, où l'on aurait de jolies femmes, bienfaisantes magiciennes qui dansent avec des couronnes de fleurs, des colliers de pierreries, et des épaules nues. Enfin, les convives buvaient généralement d'une manière édifiante de patriotisme.

Ernest et moi, nous nous comportâmes à mériter galamment, ainsi que d'autres, l'estime de nos concitoyens et la reconnaissance de ces Polonais, qui se battaient jour et nuit, épuisés de fatigue, de faim et de soif, sous une grêle de balles, au milieu des cadavres de leurs frères......

L'heure étant venue, un jeune fashionable, journaliste acrimonieux de l'opposition, nous offrit, comme à ses deux voisins, de fumer des feuilles sèches d'opium et des pastilles de Constantinople dans de superbes chibouques dont lui avait fait cadeau, pendant ses voyages en Asie, le beau visir, qui est la maîtresse favorite du grand sultan.

Nous ne pouvions refuser, sans trop de regrets, ce vertueux républicain.

IX.

Je ne me rappelle plus ce qui se passa dans cette nouvelle orgie, hormis la fantaisie de conspirer qui prit d'abord aux plus ivres.

L'un s'écriait :

— J'ai un plan superbe en tête!...

Un autre :

— Nous vengerons la France !...

Quelques uns :

— Il faudra commencer par se défaire du tyran !

Tous ensemble :

— Je veux bien.
— Qui veut le tuer ?
— Moi !
— Moi !
— Moi !
— Nous le tuerons décidément !
— Je m'offre à le piquer avec une épingle aiguisée d'acide prussique, en lui donnant une poignée de main, comme il en prodigue aux vils séides qui se foulent au-devant de son cheval.

— Cette farce de carabin a de l'esprit.

— Je vous cède mon invention, si vous le désirez.

— Quand agiras-tu?

— Je voudrais bien ne plus souffrir du pied : jamais je ne parviendrais à m'échapper.....

Ici, il y eut un moment de silence...
Je voulus changer la conversation, et je hurlai vite à mon tour :

— Amis de la joie, y en a-t-il un de vous qui ait à me prêter, seulement pour cette nuit, une de ses maîtresses? j'irais lui rendre visite, sans conséquences pour l'avenir.

Un bel étudiant en droit, gentiment enharnaché dans sa cravate et son gilet à corset, se tourna vers moi :

— J'ai bien quelquefois à ma disposition

l'amitié d'une jeune patriote qui va épouser un vieillard, son bienfaiteur, qu'elle déteste pour ses opinions ; mais j'avoue que je lui ai promis une robe depuis deux mois ; et mon estimable père prétend que je serai forcé de manger la soupe aux choux en famille, parce que j'ai perdu tout bonnement un trimestre de six cents francs à *rouge et noire*.....

Ernest sembla se réveiller pour me dire :

— Tiens-tu vraiment à te procurer de gaillardes distractions? Avant-hier, à l'Opéra, je me procurai la fantaisie de quelques œillades assassines dans la salle.... Je ne perdis pas mon temps, et je passionnai une avant-scène... L'amoureuse que je venais de prendre à la pipée, à son tour, s'occupa de faire travailler sa prunelle noire dans la perfection... Je me sacrifiai à l'étourdir un peu, en lui envoyant quelques plaisanteries de baisers..... Elle tira son gant; et comme ma modestie ne se permettait guère de distinguer de loin le sens favorable de ses réponses, je m'approchai avec assez d'insouciance...

— Écoutez, citoyens, écoutons.
— Eh bien! il paraît que malgré moi je l'avais totalement révolutionnée... Son gant tomba à mes pieds...

J'avais de l'humeur contre Ernest.

— Qu'est-ce que cela prouve?
— Je le ramassai et je le lui rendis...

Là-dessus, Ernest parcourut l'assemblée d'un œil louche :

— Messieurs, je bois à la vertu de vos épouses! mais peut-on nommer une femme que vous estimiez?...
— Non, non, non !

— Je continue... Je lui rendis son gant : c'était une occasion de me remercier et de rougir par pudeur... Elle en profita... Moi, j'avais profité aussi d'une circonstance insignifiante... Car heureusement mon nom et mon adresse se trouvèrent glissés sous ses doigts; et elle n'écrit pas trop mal, pour reprocher aux gens leur impertinence, en les invitant à mériter sans doute leur pardon, rue Caumartin, n° 7, signé : mademoiselle Césarine B.

— Ah! ah! ah! ah!
— Que le siècle est corrompu!
— Vive la république!...
— L'histoire est-elle historique?

Je pris la cuillère du bol de punch, et je me servis deux fois, jusqu'aux bords de mon énorme verre.

Ernest me tapa sur l'épaule :

— Fou d'artiste que tu es, veux-tu te présenter à ma place?..

— Je renonce pour le moment à ta protection.

— Monsieur a des caprices.

— J'aime mieux conspirer ici.....

L'un de ces soulards leva la tête :

— Et si l'affaire était sérieuse ?

Un autre tira un poignard caché sous sa chemise :

—Et s'il ne s'agissait de rien moins que de ressusciter la liberté par une vie d'homme?...

— Cela dépend uniquement, messieurs, de la manière dont le patriotisme ferait les choses. Pour cent mille francs de rente, je massacrerais le tyran qui serait le plus brave homme du monde;.. pour cent mille francs de rente et la dictature, que j'oubliais !.... Du reste, messieurs, je suis un mauvais farceur, dont vous n'avez pas besoin...

Ma brusque sortie ne leur causa aucune impression : ils avaient encore à boire.

X.

Ernest sembla se sacrifier à m'accompagner.

Chemin faisant, pour le désennuyer, je lui avouai qu'en vérité j'avais eu la folie de promettre, ce soir-là même, un rendez-vous ; et que malgré certaine habitude que je m'étais créée, par système, de me faire toujours attendre dans les circonstances décisives, ma foi, pauvre garçon, j'étais tombé sous les griffes des plus adorables exigences.

La fatuité du sire se permettait d'élever quelques doutes...

Trop faible au vin (j'ai mieux senti depuis, dans l'admirable Shakespeare, ces paroles de César : Je n'aime pas que ce Cassius soit sobre!) je compromis sans doute la comtesse;... pourtant je restai si discret que je ne nommai personne; et je ne laissai deviner rien, presque rien à ce cher intime, excepté la rue, le numéro, l'étage, plus quelques généralités sur la couleur des cheveux, la délicatesse des traits, et la vertu d'Olympe...

Et ce mot d'Olympe m'échappait souvent !

Ernest me demanda tout-à-coup si le mari de cette dame paraissait jeune ou vieux.

J'eus quelques scrupules de jaser davantage; et je répondis froidement :

— Elle ne deviendra jamais veuve, avec un jeune homme qui dort passablement, toutes les nuits, comme un avare près de son trésor.

Ernest, déconcerté, me quitta, en disant :

— J'avais soupçonné la comtesse de Liadières; mais l'âge du mari me détrompe....

Je m'envolais vers le bonheur, pantelant d'ivresse, de colère, de vengeance et d'amour !

Sur le pas de la porte, au moment de le franchir, ma raison revint subitement. Je me rappelai vite que la niaiserie de ma conduite était loin de me donner le droit d'une visite à pareille heure... J'eus le courage de m'enfuir, comme un enfant qui a sonné pour déranger un vieille portière en lunettes, de la lecture d'un roman...

Je crus entrevoir, dans l'ombre, Ernest qui ne s'était pas encore éloigné.

Je le haïssais de toutes les puissances de ma vanité blessée au cœur.

XI.

Qu'on m'explique pourquoi je ne pouvais plus vivre sans ce Vaslin!...

Nous allâmes ensemble au Théâtre-Français.

Certes, il était temps de hâter notre apparition dans la salle, pour y juger la pièce nouvelle. On baissait le rideau du quatrième acte.

Heureusement, je me précipitai au foyer....

Un homme d'un grand mérite, qui se donne le droit d'être profond même dans la conversation, tant il désire peu y mettre ce qu'on appelle de l'esprit, M. Alfred de Vigny a dit que les Français poussent *vaudevillistes;* l'observation serait plus vraie, s'il eût ajouté : *et journalistes.*

C'est pitié, en effet, de voir lauréats de Sainte-Barbe ; bacheliers à soixante francs le diplôme, néophytes que le patriarche du collége de France a ondoyés et baisés au front; oui, c'est pitié de voir tout cela, critiques improvisés, dépecer avec leurs ongles maladroits un œuvre de travail, de conscience et d'art.

Décidément la batrachomyomachie s'engage!...

Ici, corbeaux croassans; grues au plumage hérissé; colporteurs de cancans de bas lieu; nains à pied-bot qui se haussent jusqu'à une parodie ou un calembourg; beaux-esprits façonnés à la littérature du Gymnase, qui n'est pas une littérature; aristarques armés d'une loupe menteuse; poètes algébristes, logarithmiques; parleurs indiscrets, dont la pensée n'a jamais de sexe; enfin ces gens qui prennent une position d'ennemis pour s'épargner le ridicule de la jalousie!...

Là tout le *servum pecus* romantique des moutons qui bêlent, parce que le bélier marche en avant; aiglons de basse-cour, dont l'aile rase fièrement le bord d'un canal où se réfléchit le soleil d'en-haut ; rapsodes benêts qui ne comprennent pas la langue de leurs Homères ; bonnets rouges de la réforme âpres à l'intolérance ; jansénistes littéraires ; puis automates extatiques qui dansent convulsivement toute une soirée comme les poupées de l'immortel Séraphin !...

Et cependant, ici et là, les bustes de nos quatre grands maitres !

Corneille, contemporain de Richelieu, qui n'a plus besoin d'excuses pour le *Cid*, et dont les oseurs de ce temps-ci imiteront le Nicomède !...

Molière, qui trouva Racine avant les *Frères ennemis* et bien avant celui de Boileau ! Molière qui posa si admirablement devant soi, pour aller plus loin que Tartufe, création incomplète, et pour faire siffler le Misantrope par les petits marquis !...

Molière, hélas! qui mourut trop tôt, et qui mourut ainsi, après avoir regretté toute sa vie, la chute d'une première tragédie, comme s'il eût pressenti d'instinct que pour mieux finir sa mission, il avait encore à essayer quelques combinaisons d'effets plus variés, afin de mettre au monde ce que nous voulons être aujourd'hui, le drame moderne!...

Racine aussi, qui, dût-il s'éloigner davantage de nos mœurs, se fit grec, comme Corneille et Molière s'étaient faits espagnols, parce qu'alors il fallait probablement ménager à leurs chétifs arrière-neveux la ressource d'être Français: mais Racine, que nous ne lirons jamais assez; et qui se garda bien de devenir autre chose que l'auteur d'*Andromaque*, de *Britannicus*, d'*Athalie!*.... et de *Phèdre*, et de *Phèdre!*

Voltaire enfin, oui, Voltaire, qui semblait avoir habitué sa bouche à l'ironie d'un sourire incrédule; mais dont le vieux Lusignan arracha des pleurs à ce dix-huitième siècle où il n'y avait que des Turcaret, des Bonneau et madame Dubarry, toute à nu avec son nom propre ; où vous n'aurez pas Fontenelle, sans le turbot à la sauce, ou le philosophe Diderot, sans *les bijoux indiscrets*, et l'abbé Voisenon, sans le bréviaire que vous savez ; et où vous irez chercher Jean-Jacques dans son bois de Montmorenci, pour rétablir la loi générale des compensations.... Eh bien! oui, Voltaire ; car il avait senti que *la convention* de Racine devait être remplacée par un langage qui ramènerait d'autres idées ; et si, par ce progrès même, il dénatura l'art, n'oubliez pas aussi qu'avec des sentences et des maximes, il secoua en bas de leurs sophas ces gens qui se sont réveillés pour aller faire ce qu'on vous a raconté, enfans qui êtes venus depuis !...

XII.

Ernest avait la main heureusement gantée ; et il s'était acquis je ne sais quelles grâces à jeter son lorgnon au-devant de toutes les loges, où il se rencontrait des coiffures à la chinoise ou une parure de diamans. Voilà donc que se souvenant d'une de ces phrases préparées souvent la veille, il se disait dédaigneusement à lui-même pour ses voisins, et le moins bas du monde possible : Aujourd'hui, mon Dieu! toutes les jeunes personnes ont trente ans!....

Il allait se repentir. Le fat! dont les regards se désespéraient déjà, et retombaient paresseux sur les baignoires; il vit enfin une femme qui apparaissait jeune et belle. Elle était bien belle! sa tête éblouissait l'ombre où elle semblait merveilleusement encadrée. Ses cheveux pendaient en grappes noires, sur un cou de neige ; mais la coquette s'étudiait sans doute à laisser languir ses grands yeux bleus....

Ernest m'avait déjà quitté...

Machinalement je regardais à mon tour, maudissant l'obscurité.

Soudain je devins rêveur.

Quelqu'un s'était placé invisible au fond de cette loge ; et alors, s'avançant à demi, une autre femme entr'ouvrait, avec complaisance, des lèvres, dont le sourire, une fois, la dernière, me rendit jaloux, comme par instinct.

Cette jeune fille à l'œil noir, aux cheveux blonds, c'est elle : c'est Nanine qui a des cheveux blonds et des yeux noirs! cette jeune fille aux doigts maigres, c'est elle : c'est Nanine, dont la main est un peu effilée !....

Oh ! oui....

Oh ! non, non !....

Cette jeune fille dont les nattes blondes couronnent de leur bandeau un front moins ingénu ; dont l'œil noir échange sans doute des regards de feu ; qui prodigue de gràcieux sourires à travers ses petites dents blanches et sa bouche toute rose ; ce n'est pas elle,..... j'oubliais son âge, et il n'y a point de femme au monde aussi jeune que Nanine !....

Encore un coup, oh ! non, cela ne peut être : je ne voudrais pas que cela fût.

XIII.

Le cinquième acte commence.

Sans lorgnette, que faire au spectacle de son ennui ? Comment comprendre une pièce sans lorgnette ? et, à vrai dire, le Mont-de-piété m'a prêté sur mon binocle soixante-cinq francs, qu'Ernest a jugé à propos de m'emprunter hier pour une fantaisie qu'il avait de porcelaine de Chine. Si vous saviez les jolies tasses qu'il donne aux belles d'amour qu'il entretient !...

Voici donc seulement l'analyse de ce qui se passe devant moi, aveugle, dis-je;

1° Ricanent,

Un membre de l'académie, qui est académicien;

Un fashionnable content de sa cravate;

Une dame de l'ex-cour. Son professeur de guitare la néglige scandaleusement; et l'épagneul est mort....

Un bon ami, qui s'est rappelé quelque part deux pensées de la scène du dénouement;

Un banquier. Il a des fonds dans un journal républicain, où l'on ne goûte que le faire du siècle du grand Roi....

Etc., etc., etc....

2° Sifflent,

Trois carabins. Ils ont juré de soutenir l'immortalité de Racine de par leur pipe, une bouteille de cidre et les contredanses de la Chaumière;...

Un individu qui a bien dîné;

Deux individus qui ont mal dîné;

Un quidam, dont l'auteur n'a pas suffisamment protégé la fille dans ses débuts;

Jasmin, ou Baptiste. Ce soir, monsieur le valet de chambre est jaloux de voir madame la générale en loge avec le général lui-même;...

Etc., etc., etc....

3° Applaudissent,

Deux cent cinquante *Romains*, connaisseurs, les compères!...

Un Gros-ventre qui devine une allusion à propos d'un Roi, d'un jésuite, ou d'un doctrinaire;

Un tailleur créancier d'un étudiant en droit; et ce petit monsieur est cousin d'une modiste logée par le libraire d'un journaliste, camarade de cœur, entre cent des plus intimes de l'auteur. — Pesez la conscience du cher homme qui croit être niché là par faveur spéciale! — Dans ces solennités, un auteur s'enrichit de trois à douze cents amitiés, selon la générosité de l'administration...

Un vaudevilliste qui ne siffle ordinairement que les vaudevilles des *nouveaux;*

Etc., etc. — le limonadier du coin est de rigueur — etc., etc., etc...

4° Trépignent, en poussant les houras d'usage ;

Un commis à douze cents francs d'appointement. Pauvre diable ! il s'enroue pour que les surveillans notent : *c'est un des nôtres...* et d'ailleurs il lui faut des billets, chaque jour, pour son portier et sa blanchisseuse....

Un bon jeune homme au cœur de poète, dont l'autre poète a serré la main ;

Plus les cousins ; plus les gens qui soupent après le succès, etc., etc., etc....

Somme totale, le drame a si bien réussi que nous avons tous appris le nom de l'auteur.

Les journaux ne loueront pas son ouvrage, s'il était meilleur.

XIV.

On oublie tout ; on regrette une soirée de six heures ; on se lève ; on s'agite ; on se hâte ; il faut partir. Nous avions ici l'air d'une prison !

Où sont les chapeaux de fleurs, les boas, les écharpes de cachemire ?...

Les loges s'ouvrent ; les places se vident peu à peu ; l'orchestre devient désert....

O ciel ! Nanine !...

La foule est dans les corridors, dans les escaliers. Partout la foule ! et la foule s'écoule lentement, tant vous craignez, vous autres, de salir, à chaque pas, un manteau de soie ou des souliers de satin. Prenons bien garde aussi de nous ennuyer et d'étouffer sans décence !...

N'est-ce pas un signe d'elle?.... Ah ! je suis reconnu !....

Que tous ces gens-là descendent, avancent, reculent!... je me glisse auprès de la rampe ; je heurte les plus pressés ; je me jette en bas ; j'arrive ; je vais attendre ; et je la verrai !....

La voilà enfin : mais elle et lui !... Lui, Ernest !... Elle toute frissonnante d'inquiétude ou de plaisir ; et lui, plaisant personnage à l'air distrait, geai qui fait la roue !...

Olympe les suit, en souriant contre moi !...

Et déjà leur voiture se place devant la porte du péristyle. Il y a deux laquais qui ressemblent à des parvenus, dont l'insolence veut dire : Faites donc attention à mon bonheur !

Pourquoi se détourne-t-elle comme si elle oserait me parler ?... Eh bien ! que m'importe ce qui sera !...

Sa tête se penche en arrière :

— On me mariera....

Hélas ! celui-là l'entraîne ; et ils disparaissent tous....

Je tourmentais le poignard de ma canne; mais j'ai salué, en passant, de l'air le plus gai, la veuve d'un vieillard respectable qui est mort de chagrin....

XV.

Le lendemain, aux Tuileries, Ernest se retrouva devant moi.

Ernest avait du bonheur à fleur de visage. Il m'aborda donc gaiment. D'un air goguenard, il voulait m'embrasser. Il me répétait sans cesse :

— Charles, tu es morose!... As-tu perdu au jeu?.... Si tu n'as pas un tailleur qui t'ait déshonoré.... Si tu n'as pas lu une tartine de doléances sur le moyen-âge.... Si le cheval que tu préfères monter vit encore... Aurais-tu besoin d'un second pour quelque duel?

Cet homme soufflait en l'air des paroles vides de sens, pour ne pas étouffer à force de silence.

Moi, je serrais la main d'Ernest. Je pensais à lui dire :

— On a toujours besoin d'un ami...

Mais je n'osai, ayant peur de me trouver moi-même si plaisant.

Cependant, pour parler, au moins, à sa manière, je compris qu'il fallait bâiller d'abord ; puis, en promenant mes doigts sur mes tempes, j'ajoutai :

— Je cherche quelqu'un.
— Une malheureuse ?
— A peu près.

J'espérais que l'autre aurait l'amitié de me croire. Car qu'est-ce que cela importe, ennui ou bonheur, entre les meilleurs amis?...... — Je le demande ici, afin que quelqu'un me réponde!

Au contraire, Ernest, comme s'il eût soulevé une massue qui traînait à terre, me frappa étourdiment au cœur de cette phrase retentissante :

— Amant mystérieux, je vais te la montrer Olympe!...

De la façon dont cela fut prononcé, je compris que cet ami avait été indiscret, jaloux et heureux peut-être.

Ayant étudié souvent mon âme et ma physionomie, je repris en souriant :

— L'Olympe en question habite l'Angleterre depuis deux jours. J'allais recevoir ses adieux.

— Je viens de lui parler, continua Ernest.

Et il avança son doigt vers une allée :

— Ici !

Je me penchai sur mon lorgnon.

— Je me gronderais d'aimer quelque chose de pareil à cela.

Ernest ricanait.

— Je te jure, sur mon honneur, qu'elle se pâme à vanter ta galanterie...

Alors mon œil creusa jusqu'au fond de la pensée de cet ami qui me pressait affectueusement les mains, avant de me quitter pour papillonner autre part... Je sentis que ma haine valait mieux encore que son amitié... Car, après tout, ma haine pour le monde entier, c'était une sensibilité naturelle, que les injustices des hommes avaient refoulée, et qui ne pouvait pas ne pas déborder au-delà de l'égoisme ! Je ne sais quoi d'amour vibrait toujours moelleusement dans ma pensée !..... J'avais juré que sur cette terre de déceptions, je jouerais le rôle d'un serpent venimeux qui darde la mort; mais, hélas ! d'autres avaient fait le poison dont j'étais gonflé; et d'ailleurs il était d'une amertume mortelle pour ma bouche et pour mon cœur !...

Encore une minute, et l'écrasant à mes pieds, je lui aurais crié : Ernest tu es un fou d'avoir mis enjeu d'un caprice de ta vanité contre la mienne ! tu es lâche, tu es traître; et je ne resterai pas long-temps ridicule !..

Je m'arrêtai devant une réflexion subite : je prévis les conséquences d'un éclat scandaleux. Seulement, je murmurai : je t'assassinerai plus tard.

XVI.

Et plusieurs mois s'écoulèrent; et toutes mes journées passèrent au milieu des bals, des fêtes et des plaisirs qui enivrent!... Oh! j'aime les bals! j'aime la foule houleuse, les quadrilles, où les mains apprennent des souvenirs! j'aime la walse, où l'on se pâme!..

Et seulement j'exerçais volontiers mon adresse aux habitudes de l'épée et du pistolet...

Il me prit alors une singulière manie.

Ayant acheté une tête de mort, non lavée à la chaux, mais jaune encore d'une espèce de rouille humaine, je trouvais d'abord que ce spectacle valait la peine d'être comtemplé, pendant des heures entières, en rimassant, en me toilettant, en folâtrant. Cependant, comme je me lassais enfin de cette monotonie de sensations philosophiques, une idée me vint d'embellir la chose ; et je ne trouvai rien de mieux que de placer dans chaque creux de l'orbite vide des yeux, une montre d'un curé de campagne, autrefois mon bienfaiteur, pour le côté droit, et un charmant petit thermomètre, pour le côté gauche. Ce meuble étant ainsi enjolivé, je savais très-convenablement l'heure et les révolutions de la température : mais mon imagination, capricieuse Titania, fée à la baguette magique, alla plus loin. A la place d'une oreille, en guise de cornes, je mis des cigarittos que j'adore de passion, et en regard (touchant contraste!) des fleurs toujours fraîches, que je guettais à voir éclore. Enfin la charpente osseuse du nez me servit commodément à suspendre mes bagues d'or, et le camée d'un bracelet que j'avais volé à une fougueuse italienne, qui s'est mise depuis à chanter, la misérable créature! pieds nus, sur les boulevards....

Cette tête d'homme se donnait donc orgueilleusement des grâces sur une chiffonière, auprès de mon lit...

XVII.

Un matin, Ernest me surprit rêveur. Il m'en fit aimablement des reproches sérieux, m'invitant à une calvacade au bois de Boulogne, de la part d'une danseuse, avec laquelle on souperait, entre amis.

Je consentis probablement.

Ernest pirouetta sur ses talons :

— J'aurais besoin de quelques pièces d'argent.

J'ouvris le tiroir de ma caisse en répondant :

—Cherche et prends.

L'autre crut devoir prendre et dire ensuite :

— Je te rendrai cela demain.
— Demain, ou plus tard ! je n'aurai jamais peur que tu viennes à mourir mon débiteur, repris-je tranquillement.
— Oh ! je te rembourserai sûrement cette misère demain, cette semaine, ce mois-ci. Mais diable ! je serai forcé d'aller à Frascati compléter ma somme. Ma petite danseuse m'a rendu fou. C'est Césarine !... tu te rappelles cette Césarine, que je t'offrais, un soir,.. eh bien ! je l'aime !... je n'ai jamais aimé avant de connaitre Césarine,... je n'ai jamais aimé que Césarine de ma vie,... tu sais, je me croyais égoïste ; bah ! je me ruinerais pour elle... C'est amusant d'aimer une fois, en passant, sur la terre,... je suis maintenant le plus heureux des hommes... Tâche donc, à ton tour, d'être heureux en amour... Il est facile, à

te l'avouer, de rendre ridicule cet honnête homme de M. de Liadières,.. et au fait, la comtesse est une distraction que j'ai appréciée autrefois... Mais Olympe ne vaut pas Césarine... Non ! non !... ma petite danseuse est un bijou dans la création.... Elle a, mon cher, de petites dents toutes pareilles à des perles ; elle a des mains blanchettes, faites de cire vierge, comme les plus gracieuses madones...

— Diable ! disais-je d'un air hébété, ainsi qu'un Turc qui n'a pas le temps de penser.

Il continuait toujours :

— Ses yeux noirs sont d'une scélératesse indigne ; elle accapare un cœur à la première vue. Pourtant je te conseille de fuir son joug : elle m'assure qu'elle te déteste d'avance, parce qu'elle a appris que tu portais deux fois des gants glacés.

— Ah !..

— Sa taille, vois-tu, sa taille, je la ferais tenir entre ces dix doigts, sans trop de bonne volonté...

— Oh!...

— Décidément donc je l'enlève aujourd'hui.

— Mais...?

— Avec ton argent que voilà... Hélas! elle se désole à vivre avec un je ne sais qui. J'ai de la pitié dans les entrailles pour elle, parce qu'entre nous, de son côté, elle est folle de moi. Puis son hobereau de province, un député, qui l'avait couronnée rosière, et s'est depuis chargé de son éducation, est un tigre en jalousie.... Cette perruque va se rouler, va hurler de désespoir. Je serais enchanté, au bout du compte, d'avoir une affaire avec ce brave homme pour l'envoyer revoir ses aïeux...

— Si tu veux tuer quelqu'un, pour te distraire d'avoir bien déjeûné, viens nous battre.

— Allons donc ; je ne me fais nullement scrupule de parler ainsi d'un inconnu ; car enfin...; mais toi, tu me prêtes de l'argent quelquefois...

— Cela est vrai.

— Du reste, mon ami, je te jure, sur l'honneur, que c'est un supplice pour moi de m'imposer une pareille démarche auprès de toi. Je ne maudis en rien l'existence de mon père, vieux moraliste de l'ancien régime, qui ne m'accorde qu'un budget de plusieurs centaines de francs par mois, pour mes plaisirs. Mais nous avons passé aujourd'hui quelques heures à table, chez Véfour, entre victimes de juillet. L'on a fait une souscription pour les feuilles nationales de l'opposition royaliste, qui se dévouent consciencieusement à certaines répugnances, parce qu'il faut calomnier sans relâche les hommes en place qui gardent le pouvoir...

— Il suffit...

— A propos, je te quitte pour passer chez ma bouquetière.

— Non, nous sortirons ensemble; nous sommes l'un à l'autre, à la vie, à la mort...

Nous étions déjà partis.

XVIII.

Pendant toute la promenade, c'étaient d'abord, parmi cette volée de jeunes gens et de cavalières étourdies, des conversations déréglées, des bouffées de charmantes folies, des confidences interrompues, des coquetteries taillées à facettes, qui réfléchissaient plusieurs caprices à la fois; c'étaient des roulades de rires libertins, des extravagances de gosier, d'adroites imprévoyances de pudeur, des folâtreries de délire; puis c'étaient des regards, des sourires, qui demandaient, qui prouvaient de l'amour ; des inconséquences de gestes voluptueux ; des promesses de courtisanes qui avaient l'air de se livrer au bonheur ; et des cœurs de Messalines qui se gonflaient à la fois de plusieurs désirs adultères!...

Je restais silencieusement triste et maussade.

On m'attaqua.

Césarine, la jolie danseuse, secouant les boucles défrisées de sa chevelure, envoyait vers moi quelques-uns de ses plus doux regards.

Je ne comprenais rien encore...

Elle ne s'occupa donc plus de moi, voyant que les autres valaient mieux à l'admirer. Ernest surtout ne permettait guère à son cheval de la quitter. Il débarrassait les branches d'arbres qui pouvaient retenir son voile vert, rejeté insouciamment en arrière. Il veillait sur les insectes qui voltigeaient trop près d'elle. Il raffraîchissait gracieusement son front dardé d'un peu de soleil, avec l'éventail de sa cravache. Enfin il déclarait ouvertement ses complaisances d'esclave pour cette aimable créature.

De mon côté, j'avais résolu de contrarier sa passion; et je commençais à déployer avec sang-froid des ressources plus habiles que ses galanteries.

S'il ne s'en aperçut pas, c'est qu'il roulait, à son tour, certains projets dans son esprit. Car voici que tout-à-coup il la guida dans une allée solitaire, lorsqu'elle se retourna brusquement, ne cherchant pas à me voir peut-être. Cependant sa belle cavale se cabra, et je fus obligé de m'avancer vers elle, pour la soutenir. Elle semblait avoir eu peur, et me remercia, toute pâlissante, en laissant tomber sa main sur la mienne.

Je la baisai. Elle ne la retira qu'ensuite.

— Que vous seriez un amant original! me dit-elle.

Je hochai la tête, comme en signe d'adhésion.

Là-dessus, Ernest qui contemplait attentivement les nuages, lui montra un ciel de pourpre, au bout de l'horizon.

Nous vécûmes à jaser de ces nuages et du ciel pendant un demi-quart d'heure...

Pourtant Césarine me harcelait d'œillades à la dérobée. Et moi, comme une vierge ingénue, au sein qui se balance timide, je ne montrais qu'à demi de naïves émotions, comme si je craignais d'aimer beaucoup.... La danseuse m'invitait presque à ne plus le craindre, par des soupirs significatifs.

Ernest y prit garde d'un œil mécontent. Mais elle jeta ses bras à son cou, et l'embrassa,... ne regardant que moi.

Ceci parut faire enfin déborder, à leur tour, mes sentimens impétueux; et comme entraîné par une force supérieure, je de-

5.

vins audacieux à humilier cet ami que je haïssais...

Elle se défendit mal de mes lèvres qui brulèrent la peau satinée de ses épaules d'un baiser rouge...

Ernest se trouva piqué : sa jalousie eut honte de son embarras.

Je voulus achever mon triomphe contre le fat.

— Soyez à moi seul !

Ernest entendit...
Cette jeune folle se mit à rire. Toutes ces femmes lascives riaient...
J'en profitai, me laissant emporter par mon cheval qui devina sans doute ma pensée.

XIX.

Cours, mon cheval, cours..... éloigne-toi..... sois fougueux !..... que rien ne t'arrête!...... va loin!..... va toujours!...... Ma vengeance aussi est impatiente du frein!... n'es-tu pas ma vengeance?... Je t'aime, ô mon cheval!.... — Les élans de ton galop rapide répondent aux battemens pressés de mon cœur; et nous bondissons ensemble, toi, ma vengeance et moi! — Cours, mon cheval, cours plus vite encore... — Le vent hérisse ta longue crinière, comme le souffle inconnu qui passe sur ma haine échevelée... Ta bouche est dure au mors; et mon âme s'est déchainée à la fureur!.... — Que rien ne t'arrête!.... va loin!.... va toujours!... tu es un bon cheval!... — Tu foules le gazon, tu écrases les fleurs, tu franchis l'espace!........ Ma vengeance aussi trépignera d'aise sur d'impuissans souvenirs!..... Tes naseaux fument comme un volcan demi-éteint; et ma colère ne dort déjà plus sous la cendre : elle bouillonne, ma colère!... — Cours, mon cheval, cours, vole,..... soulève des tourbillons de poussière,.. devance le vent;.. jetons-nous dans l'air !... Je t'aimerais, ô mon cheval, si tu suivais les oiseaux les plus habiles, si tu as les ailes d'un vautour!... Je vous aime, ô mon cheval, ô ma vengeance !...

XX.

Et maintenant, voilà Paris !

Où sont mes amis, dans Paris? j'ai un ennemi dans Paris! mais je suis content de revoir Paris !

Car je suis content aussi de penser que demain tout sera fini, entre lui et moi, par une mort. Si je ne sais pas pourquoi je hais, je sais bien que je le hais, et que je n'ai pas le temps de le haïr inutilement, d'une aversion que la nullité même de cet Ernest ne peut justifier. Ernest, que j'ai beaucoup aimé, que j'ai trop aimé autrefois, par distraction sans doute, me déplaît, me pèse par ennui. Probablement nous nous tuerons demain seulement pour cela que sa médiocrité me gêne, et que je préfère courir la chance de me débarrasser de cet ennui que j'éprouve à le détester ainsi. Qu'importe? j'ai besoin peut-être d'un crime pour vivre moins misérable; et il y a des jours où je me sens capable de faire, pour me désennuyer, un crime nécessaire. Aujourd'hui, mon sang âcre brûle mes veines; mon sang me gonfle la poitrine cruellement oppressée; mon sang qui bout, qui fermente, dilate mes tempes, et va m'ouvrir le crâne : il me faut donc un meurtre demain!... ou bien, si je résistais à la puissance de cette étrange organisation, cela me suiciderait, ce soir! Je ne veux pas mourir niaisement, en faveur de principes qui me sont étrangers, puisque ma nature particulière doit adopter, pour elle seule, dans ce monde bizarre, d'autres paradoxes de conscience. La vérité la plus essentiellement vraie, n'est jamais logique dans toutes ses conséquences, à tous les instans, et pour tous les êtres. L'enchaînement universel des choses admet des exceptions normales; et je ne vois pas pourquoi, vis-à-vis de moi-même, je cherche ici des excuses à cette disposition de profiter des usages légitimes d'une société inconséquente, afin d'assouvir, par le prétexte d'un duel, les passions déréglées de mon caractère malheureux, le tempérament intime de mon individualité originelle.... Tout ce qui est de moi, dans moi, est logique, est moral, est vrai, est bien pour moi !

XXI.

Bientot je restai muet, comme si j'avais la faiblesse de me repentir.

Je regardai attentivement cette tête d'homme mort, qui me parlait, à son tour, de sa philosophie à elle. Il me sembla que mes fantaisies d'embellissement avaient dénaturé, par une grossière plaisanterie, ce qui existe toujours de grave et de sérieux dans la contemplation d'une misère humaine. Je me mis à interroger du doigt cette voûte dont la cavité osseuse ne rendait plus de pensées, ni de sons ; et un moment, je m'effrayai de me ressouvenir que la statue de Memnon avait une voix, par un peu de soleil !...

Il fallut arroser là des fleurs qui allaient se faner : ces fleurs revinrent à la vie, comme de jeunes filles qu'on a vues pâlir, et renaître à l'amour, toutes fraîches, toutes éblouissantes...

Puis je posai mes pistolets, auprès, sur la chiffonnière ; et je ne m'aperçus pas que je paraissais les caresser...

Je tirai aussi mon épée hors du fourreau. Elle était si luisante encore que je pouvais me mirer sur la lame, aux faibles clartés de la douce lune : je le fis d'un œil distrait.

Je pensais que cet acier frêle me servirait, le lendemain, pour la première fois, entre le oui et le non fatal de l'humanité; et malgré moi, les mots de néant, d'éternité glissèrent sur ma bouche décolorée, aride. En vain je traçai un petit cercle sur le mur; en vain j'y frappai toujours au même point, au cœur de cette circonférence : il me devint impossible d'espérer que je traverserais ainsi toute la soirée, toute la nuit, ne voulant pas dormir...

Je me jetai dans la rue. Je courus longtemps.

XXII.

J'avais réfléchi qu'il serait à propos de consacrer à la comtesse Olympe les loisirs d'une longue et triste soirée, dans les intérêts de ma jalousie et de ma colère.

Je demandai à être favorisé de l'honneur

de lui présenter respectueusement mes devoirs. Son valet de chambre entra, pour m'annoncer, sur la porte entr'ouverte. Quand elle entendit mon nom, elle reprit vite, mais trop tard : Non, non,... je suis malade !...

Je venais déjà de la saluer.

Elle se laissa retomber sur son divan. Elle appuyait mollement sa tête indolente sur les coussins de cachemire. Elle me regarda, un peu honteuse, en disant : Je suis bien mélancolique, ce soir, monsieur.

Je répliquai froidement : Si madame la comtesse voulait comprendre mon bonheur d'obéissance et de dévouement à ses caprices de jolie femme, à ses exigences de nerfs, elle pardonnerait de venir l'adorer, ce soir, au plus timide, au plus sincère des adorateurs.

Il se trouva que la coquette eut beaucoup d'indulgence pour cette doucereuse ironie.

— Alors, je vous en prie, monsieur Charles, ne prenez pas trop garde si je suis devenue affreuse...

Elle ajouta :

— Donnez-moi le plaisir de vous asseoir devant cette psyché; je m'y fais peur.

Je pris la peine de la démentir galamment par un semblant de sourire, dont elle me sut bon gré. Mais bientôt elle s'ennuya de mon silence.

— Que cette lumière à de pâles reflets! dit-elle.

Je ne sais pourquoi je me mis à affecter, d'une sotte manière, l'intention de lui répondre, en renouant ainsi la conversation :

— Ma foi, cette soirée pressent une superbe nuit, madame.

Elle ne se refusa pas à interpréter favorablement pour elle, cette espèce de distraction, et murmura négligemment, à son tour, quelques paroles très-indifférentes à sa pensée.

— Croyez-vous?.... j'aime mieux une soirée d'Italie....

— Oui, sans doute, madame la comtesse, l'Italie est délicieuse.... Le ciel de Rome chauffait mon âme. Quel pays enchanteur! j'ai manqué d'y être poignardé une demi-douzaine de fois.

— Vous avez de singulières inspirations d'esprit, monsieur Charles, à tourner ainsi les choses avec des gens qui n'auront jamais la prétention de causer à votre hauteur de moqueries.....

Ses yeux s'arrêtèrent languissamment sur moi. Elle faisait miraculeusement bien la colombe plaintive et délaissée. Je ne l'avais pas vue jusqu'ici minauder des façons aussi douloureuses ; et je ne résistai plus à m'asseoir près d'elle. Alors il me passa dans les sens de singulières espérances, de secrètes fantaisies. Déjà je lorgnais complaisamment du coin de ma prunelle, les veines bleues de cette gorge qui valait encore quelque chose ; et un moment j'hésitai à m'apprivoiser jusqu'à un baiser familier. Mais sa pudeur ne put me tenir compte de mes longs scrupules. Elle se leva tout-à-coup, et s'avança vers la croisée.

— En vérité, soupira-t-elle, cette nuit dont vous déclamiez si chaudement l'apologie, vous la trouvez donc décidément bien passable ?....

Sa voix tremblait.

Je guidais sa main sur la rampe du balcon, d'où l'on apercevait au loin de merveilleuses beautés de nature.

Elle feignit de l'enthousiasme :

— Mon Dieu! ce ciel est pur! cet air est suave!... Mon Dieu! il y a de douces langueurs dans ces murmures étranges qui parcourent l'espace!... On ne regretterait presque plus ici ce que vous appelez quelquefois l'amoureuse Italie!... Et si vous vous occupiez d'avoir des intentions de cour pour moi;... ne vous hâtez pas de rire trop méchamment... Ah! monsieur Charles, l'on m'aurait prise adroitement à un vilain piége de séduction,... aussi je vous défends d'en profiter....

— J'espère, belle Olympe....

Elle me retira aussitôt sa main, comme si je ne méritais plus cette innocente félicité.

— J'espère, madame la comtesse, m'absoudre dans votre estime d'aussi injustes préventions... Quant à moi, je ne me connais guère sensible aux effets magnétiques...

En présence de ce firmament étoilé, je considère froidement ces richesses de la nature comme le palais d'un sultan qui fume tranquillement sa chibouque, dont la cendre retombe, à travers des nuages de vapeurs, en pluie de diamans, sur les tapis étincelans de son trône oriental... La chibouque, c'est le disque plus ou moins flamboyant de madame la Lune; et le personnage en question, c'est Dieu, s'il y en a un.

— Vous êtes donc athée ! ne le pensez pas !... Malheur à vous !... D'où vient votre poésie ?...

— Je suis athée, madame, depuis que j'ai été trompé par une femme que j'aimais avec enivrement.

— Elle est bien coupable, monsieur... Hélas! que les jeunes gens ont tort de livrer ainsi leur bonheur à de misérables créatures!

—Oh! non, non. Elle était jeune, jolie :

il fallait l'aimer en la voyant. Qu'importe si elle m'a trompé? Je ne me repens pas de l'avoir aimée.

— A la bonne heure, vous me causez d'agréables satisfactions à dire ces sortes de sentimens. Vraiment je vous plains cependant qu'on ne vous ait pas mieux rendu justice... Pauvre bon monsieur Charles!... je ne crains plus de l'avouer, j'avais toujours deviné que vous étiez un honnête jeune homme! Aussi cela me tourmentait presque de vous savoir malheureux... D'autres vous jugeaient sans générosité... Mais enfin pourquoi se désespérer?... N'existe-t-il plus de jolies femmes?...

— Des jolies femmes, avec leur figure rieuse, leurs grâces, leurs poses demi-voluptueuses, leur démarche légère, leur robe de gaze, leur collier de perles fines, leur couronne de fleurs, leurs diamans à mobiles étincelles?... Oui, oui, de ce que l'on nomme des jolies femmes, il en neige partout, sur les promenades, dans les spectacles, dans les bals!... mais...

— Eh bien?

— Ne me regardez pas, madame... Mais une femme, comme on en veut aimer dans sa jeunesse crédule; mais une femme qui n'a jamais adultérisé son âme, après un premier serment... Bah! je n'aurai jamais le courage de terminer cette phrase...

Tout-à-coup je me remis de cette manie d'émotions pitoyables que m'avaient surpris des regrets amers. J'enlevai les rides qui faisaient ombre sur mon front; et je revins à madame de Liadières, tout effarée encore de mes insolens mépris qui ne voulaient pas la comprendre. Humant à à plaisir, l'air du dehors, je poursuivis, sur un autre ton:

— Après tout, les hommes d'un certain monde ne se soucient plus de rien, à présent. Pourquoi trop de gravité? C'est l'âne qui est le plus sérieux de tous les animaux... Et puis on se console facilement, on se lasse d'ailleurs de chaque sentimentalité possible. Vous parliez de l'Italie, madame. Eh bien! que signifient tant de crises d'admiration et les meilleures extases! Je crois que les ruisseaux de la rue Saint-Honoré valent le Tibre; et nous avons ici le bois de Boulogne, le paillasse Debureau et les nymphes fardées de l'Opéra.

Je me pâmai à éclater de rire. Sa mauvaise humeur me rendait plus goguenard.

— Assez, assez! voulez-vous?... — Revoyez-vous souvent madame Demassy?

— Très-rarement, au contraire, madame.

— Je vous soupçonnais épris de mademoiselle Demassy... On m'avait murmuré cette plaisanterie à l'oreille... La petite Nanine est légère, inconséquente, coquette.. Mais enfin des étourderies ne prouvent rien... Peut-être ne pensiez-vous pas à l'épouser?... On supposait que vous ne succomberiez pas à la tentation pour quelques minces avantages de fortune... Alors...

— Arrêtez, madame. La voix d'un homme n'aurait pas été si loin : je ne l'aurais jamais souffert devant moi. Un homme qui tue l'honneur d'une jeune fille, qui la dépouille de sa réputation d'innocence est un voleur, un assassin, madame; et quand la société ne peut pas elle-même se venger publiquement de ces crimes de bas étage, c'est l'affaire de quiconque a un noble cœur de servir de bourreau, pour combattre l'infâme, et, s'il le faut, verser son sang.

— Mais où en sommes nous ? Je m'égare à suivre vos espèces de reproches pour en débrouiller le sens énigmatique. Est-ce bien à moi qu'il convient d'adresser de telles choses? Ignorez-vous que dans ce moment même je me charge de marier mademoiselle Demassy à quelqu'un que j'affectionnerais trop pour compromettre le bonheur de son existence?...

— Quoi! madame...?

— Allons, vous pâlissez...

— Et vous aussi, madame!

— Ciel! que voulez-vous dire?...

— Je l'ai oublié. J'oublie tout si facilement. Assez d'autres, il est vrai, soignent leur mémoire à s'embarrasser l'esprit de fadaises inutiles, ou de calomnies dangereuses. Je méprise et je hais, moi, ces personnes que l'on heurte du pied à chaque pas, et qui se font les colporteurs de toutes les sottes nouvelles qui volent par le monde... Je n'en sais pas d'intéressantes, à moins que vous ne m'engagiez, madame la comtesse, à réjouir un peu votre tristesse

d'une espérance qui me touche de près....
Demain, je me battrai en duel.

—Comment cela?... Pour qui?... Avec qui donc? monsieur...

— Avec quelqu'un fort ennuyeux à supporter. Ce n'est pas un de ces amis qui me saluent, quand je passe, ou me serrent les doigts, quand je leur rends le bonjour d'usage, en dandinant la tête. C'est mon seul intime qui aura ma vie, si je n'ai la sienne.

Je vis qu'elle mourait d'envie de m'interroger, mais que jamais elle n'avait désiré autant me dissimuler les sentimens secrets de son cœur...

— Allez-vous retomber, monsieur, dans vos horribles sarcasmes? blasphèmerez-vous à son tour la sainte amitié?...

— La sainte amitié! avez-vous dit : la sainte amitié? madame!... répétez ce mot.

de grâce, je vous en conjure.... Mais votre sainte amitié est-elle sainte, parce que personne n'ose en approcher?...Effectivement il y a quelque perfidie à laquelle j'avais donné autrefois cette même qualification : mais ne voici-t-il pas qu'il m'est arrivé de laisser tomber une gouttelette d'eau sur la statue de ma sainte divinité; et le ciel demeure témoin que le marbre s'est changé en vile poussière de boue..... Ah! donnez-moi le nom de votre valet de chambre : je l'inscrirai sur mes souvenirs, à la colonne de mon meilleur ami. La place est vide.

— Je m'étonne moi-même de revenir sans relâche à ces explications singulières : mais enfin vous n'aimez donc personne? n'aimez-vous donc rien? n'aimez-vous pas votre ami monsieur.....?

Un bruit léger se fit entendre, en dehors, à la porte du boudoir. Une femme de chambre se montra pour demander de la part de

M. le comte, l'autorisation de venir offrir, dans la soirée, ses hommages à madame la comtesse.

Hors d'elle-même, elle ne se donna pas le temps de réfléchir, et répondit vite :

— Qu'il attende !... Caroline, mademoiselle Caroline, vous prierez M. de Liadières d'être au salon. Je m'y rendrai bientôt pour lui plaire...

Quand Caroline se fut retirée discrètement, après un signe d'obéissance, elle se retourna vers moi ; et comme pour implorer le pardon de cette sotte interruption, elle se suspendait à mes lèvres, afin de m'écouter... J'admirais sa beauté ; je cédais avec entraînement à ses séductions.

— Je ne suis pas un monstre, madame la comtesse. J'aime.... la musique d'abord,... et je vous aime aussi.

— Moi ?

— Oui, vous.

— En êtes-vous bien sûr? monsieur.

— Vous en doutez? madame.

— Osez le répéter!

— Eh bien! oui, madame, je vous aime; je vous aime comme on ne vous a jamais aimée, comme je n'aimerai plus peut-être...... Oui, oui, cela est vrai; car je regrette, chaque jour, de l'avouer voulu, et de pouvoir m'habituer à avouer des transports que vous partagez si mal!

— Que voilà bien des façons étranges de déclarer solennellement ce qu'on espérerait faire toucher du doigt aux gens qui ont le bonheur de croire aux grandes passions!

— Ah! vous trouvez l'affaire assez agréable, madame, pour amuser votre coquetterie de ces gentillesses-là?...

— Vaudrait-il mieux, monsieur, que ma coquetterie prît au sérieux toutes les formules de tendresses, dont il serait ridicule de laisser sa vertu embarrassée, quand une femme a vieilli déjà de quelques années de mariage ? M. de Liadières a eu le tort, comme un autre, pendant les six mois de notre lune de miel, de vous voler d'avance vos idées, monsieur Charles; et vous me pardonnerez facilement de ne pas oublier ici ses innocentes galanteries.

— Vous raisonnez parfaitement, madame la comtesse.

— Allons! vous me boudez?

— Je pense, madame, et je me dis tout bas, que j'ai besoin de bonheur; et je ne connais plus qu'un moyen d'y arriver!

— Chut! mon Dieu! votre faiblesse est désolante. En vérité, il ne vous sied guère de vous rattacher si souvent à ces misères d'amour!

— D'amour! eh! qui parle d'amour? madame. Qui profane un mot dont le sens est perdu? Où est l'amour? madame..... Vous croyez donc qu'il se rencontre dans les conditions de notre bonheur, de notre être, quelque chose qui dépend des refus d'un autre et du caprice d'une femme? Je vous atteste, moi, qu'il n'en est pas ainsi, et que vos misères d'amour comblent peu je ne sais quel vide profond dans notre âme d'artistes. Mais voilà où vous en êtes, mesdames! dans un moment de délire, on s'abuse soi-même; et si quelquefois, à genoux, l'on jure de ne plus sentir en dehors de vous, de vous seule, à vrai dire, rien ne semble aussi naturel aux ambitions de vos petites vanités; et dans ces mouvemens où se balance complaisamment votre esprit, il ne se présente jamais un soupçon qui crie : Ne vois-tu pas, femme, que c'est là un excellent acteur qui finit, avant le dénouement, par vivre, cinq minutes, de la vie de son rôle? — De par les puissances de mon âme! ô ciel! non, madame, non, je ne vous aime pas!

— Poursuivez, monsieur, et ne craignez nullement mes doutes injurieux sur la sincérité de vos impressions, lorsque pour démentir de premiers aveux, la vérité s'échappe de votre bouche par une telle explosion de politesses... Ainsi, monsieur, vos paroles, vos regards, vos sourires, tout cela c'était votre rôle, votre leçon, votre voix, votre physionomie, votre masque de comédien! Habile, habile, que vous êtes!.... Mais que vous ferez bien de ne pas trop dédaigner pourtant les âmes ordinaires qui allaient vous plaindre dans leur bonne foi!

— Ne raillez plus avec colère. Oui, vous me devez peut-être quelque pitié. Savez-vous, madame, que je suis malheureux?... le savez-vous, que mon imagination dessèche ma jeune vie?.... Auriez-vous donc compté chaque sillon de rides sur mon front brûlant?... et vous était-il donné de chercher l'ennui et la douleur derrière des regards mal éteints?... Oh! non, non!... Car personne que moi seulement n'a deviné les secrets de l'avenir de ma destinée!... tout est là dans ce mot : *Personne!*... Avouez-le, que je ne suis pas heureux !

— De grâce, désirez-vous m'attendrir, pour me faire maudire des devoirs sacrés? monsieur Charles. Ah ! je regretterais d'oublier la valeur d'un principe, quand même la vertu ne serait pas le bonheur?.....

— Non, non, madame. J'ai des devoirs aussi ; et il y a des nuits nombreuses que j'ai passées à apprendre une morale sévère dans le livre de ma conscience.

—Sans doute, sans doute. Cependant que prétendez-vous en conclure? Je ne puis me faire à l'idée de vous trouver une seule fois raisonnable, à vous accorder tout-à-fait raison.

—Ah! oui, je ne suis pas heureux. Je le sens, je le sens... tandis que, chaque jour, dans les théâtres, dans les fêtes, dans les orgies, dans les bals, je vais à loisir éparpiller toutes les inspirations de ma pensée, je suis descendu si bas que je me méprise à mon tour!... Enfer! je me hais aussi!...

— Monsieur, monsieur Charles, oh! que dites-vous?... Cessez, cessez... ayez d'autres paroles... Vous me faites mal!...

— Vous m'aimez donc un peu?

— Que voulez-vous de moi?

— Votre amitié.

— Seulement mon amitié?

— Une amitié de sœur.

— Mon ami, vous ne vous contenterez jamais d'une pareille affection.

— Ne craignez rien. Je sais la valeur de chaque sentiment que j'éprouve,

— Charles, vous vous trompez!

— Que vous êtes coquette, vous aussi!

— Je ne veux plus vous écouter...

— Que vous êtes femme!

— Je vous hais!..

— Vous m'aimez!

— Arrêtez... mon ami, vous m'avez fait peur!...

—Vous m'aimez, madame.

—En serez-vous plus heureux!

—N'est-ce pas que tu m'aimes? Dites-moi donc : Je t'aime!

—Eh bien! oui, oui, Charles, je suis à vous! je suis à vous d'amour! c'est d'amour que je vous aime!...

—Continuez, Olympe.

—Je serai ta sœur!... je serai plus encore!... je vivrai pour ton bonheur!

—Il est dommage que ces protestations de tendresse m'ennuient déjà... N'avez-vous rien, madame, à m'offrir de plus convenable à mon bonheur?...

—Oh! je suis malheureuse!

—Madame, madame la comtesse, je trouverais plaisant de baiser, avec votre autorisation, la main loyale que vous avez donnée autrefois à monsieur le comte, en répondant, au pied de l'autel : Oui, je jure de rester fidèle pour la vie à monsieur de Liadières.....

Elle me regarda, ainsi qu'une lionne en fureur, et fit un bond, comme pour me déchirer de ses doigts, me dévorer de toutes ses dents. Immobile et muet, je la glaçai d'un sourire infernal. Je devais être horriblement beau à me sentir ainsi cette puissance de Méphistophélès, qui s'est fait démon, à force de génie. Elle se roulait sur le divan, pleurant, et tordant ses bras presque nus !..

— Le méchant ! de quel air il me reproche cela !... O mon Dieu, pardonnez-moi !... Est-ce à lui de m'accuser ?.. Charles, vous vous jouez d'une pauvre femme !... il ne faut jamais mépriser les femmes, monsieur !... Vous n'avez donc pas un cœur d'homme ?... Regardez-moi autrement !... Vous êtes bien cruel, monsieur !... pourquoi donc m'arracher cet aveu coupable ?.. Je ne sais pas si je vous aimais !... j'ai subi l'empire que vous avez pris sur moi !...

Peut-être, non, non, je ne vous aime pas!..
je vous crains trop, monsieur... Cela me
déchirait l'âme de vous savoir souffrir...
Ah! je souffre à mon tour!.. prendrez-vous
pitié de moi si je pleure?.. voilà que je
pleure!... Répondez-moi un mot... Vous
êtes bien insensible... Je n'ai pas attendu
que vous pleuriez!...

Je me précipitai à ses genoux, par repentir, par remords.

— Ah! ne pleurez plus... Je ne peux
pourtant pas pleurer, moi!... Mais prenez
mon sang pour une de vos larmes,... je
vous cède ma vie... Olympe, Olympe,
vous ne devinerez jamais l'énigme de mon
cœur,... cependant je vais vous avouer
tout... Ne tremblez pas!... écoutez,... détournez les yeux,... jurez-moi d'avance que
vous me pardonnerez, que vous oublierez
vite ces paroles... Je n'ose commencer!..

êtes-vous sûre de m'aimer?.. Voudriez-vous encore m'aimer demain, si je te disais aujourd'hui que... Je m'arrête.... Ne lisez-vous pas dans mon âme?... Assez! assez!... épargnez-moi... Je m'enivrerais, avec tant de joie, de cette volupté d'aimer?... Oui, oui, être, c'est aimer!... Eh bien! je n'aime pas!... je ne peux plus aimer!... O femme, je ne t'aimerai jamais! jamais!...

— Ciel!...

— J'ai le front pâle et l'âme aussi!... Si souvent, depuis mon orgueilleuse jeunesse, j'ai épuisé en stériles sensations les ressources de notre faible humanité!... Ah! il ne me reste plus rien à présent!... Je vis au jour le jour, par l'existence bâtarde de la matière!... Je vous ai découvert ma plaie!.. sondez le fond de cet abyme mystérieux!.. Il ne faut jamais mépriser un homme, madame!... Hélas! patrie, liberté, gloire, religion, ami ou femme, je ne sais plus ce que cela signifie!... Mon art, mon art aussi... ne m'humiliez pas !.. oui, mon art même, je vais vous le répéter encore, je crois avoir été fou de l'aimer !... Et ma mère, elle est morte !... ma mère est morte !... cependant, ce jour-là, où elle mourut, j'ai ri, madame, devant ceux qui pleurnichent, jusqu'à ce qu'on les console... Ils se sont consolés depuis... Pensez aussi, j'y consens, que j'en restai quitte alors pour un hoquet !...

Ici elle s'éloigna froidement de moi, comme avec dégoût, et se recueillit pendant quelques minutes de silence.

—J'étouffe... je suis indisposée... Tenez, monsieur, je n'ose vous implorer... Je ne désirerais pas vous montrer de mauvais momens d'humeur... J'eusse préféré peut-être, ce soir, quelque solitude... Mon domestique s'est trompé... Monsieur, daignez m'épargner d'autres... Je suis mal, en vérité, bien mal ! Je ne pourrais même vous reconduire... Je vais sonner quelqu'un..... J'aurai sans doute, monsieur, infiniment de plaisir à vous revoir, si ce duel...

Ses traits se contractèrent à ces derniers mots... Depuis dix minutes, j'attendais ce ressouvenir dans son âme ; et debout, près du seuil, j'avais inutilement jusqu'alors épié l'inconstance de ses idées : il me fallait pourtant qu'elle arrivât là !...Pourquoi donc cette longue visite, sinon pour les intérêts de ma vengeance ? Sans doute, un moment, j'avais désappris toute ma colère ; mais je ne pouvais pas long-temps ne plus savoir que sa bouche était traîtresse et parjure !... Cependant elle sembla se réveiller d'une profonde léthargie. Sa main droite se détacha brusquement du cordon de sonnette, qu'elle allait tirer. Elle se mit à parcourir son boudoir, à grands pas, me toisant de ses regards hautains. Puis se jetant convulsivement dans mes bras : «

— J'avais presque oublié ce duel !....... Monsieur Charles, ce duel est-il vrai ?...... Ne vous battez pas en duel, avec personne, monsieur ! O mon Dieu ! êtes-vous habile ?.. Je suis sûre que... Répondez-moi donc.... Si vous êtes habile, il faut que je le sache !... J'ai besoin d'être rassurée.... Avec qui vous battez-vous ?... Quoi !... Demain ?.. dès le matin ?... Parlez !... Charles, je l'exige..... mais parlez donc !..... Nommez-moi votre adversaire !... Ah ! vous ne répondez pas !.....

— Vos terreurs, madame la comtesse, m'inspirent de la reconnaissance..... Puisque vous l'exigez, je dois vous avertir que je me suis souvent appliqué à l'exercice de toutes les armes, chaque jour, depuis celui où j'ai eu le bonheur de vous découvrir de loin, dans une sombre baignoire, à l'Opéra-Buffa. Je mentionne cela seulement pour vous tranquilliser, madame.

— Vous voulez donc ma mort aussi, monsieur ! Prenez ma vie, prenez-la donc.

— Je sens qu'il est l'heure de me retirer, madame la comtesse, pour que nous puissions, vous et moi, goûtez les bienfaits du sommeil.

— Restez, monsieur. Restez... vous n'irez pas encore dormir, vous qui parlez de sommeil !... Vous êtes bien méchant, monsieur !... Quoi ! il vous sera possible à présent d'avoir du sommeil, pour cette nuit ? Vous, monsieur, vous, dormir !... Je ne dormirai pas,... moi... Ce que je sais est affreux... Que vous ai-je donc fait ? monsieur !... Ne le tuez pas, je vous en conjure... Vous me tuerez, si vous tuez quelqu'un... Je ne veux pas qu'il meure... Vous aussi, je ne veux pas que vous mouriez !... Mais, en vérité, vous m'avez causé tant de chagrin déjà.... Je vous connaissais à peine... Comment cela est-il arrivé, que vous m'ayez tellement fascinée ainsi?... Je ne me plains point de vous, monsieur... Hélas! je crois que vous détestez la vie!....... Voilà pourquoi ce duel demain!..... Cependant un autre aime l'existence.... Quand on aime quelque chose, quand on aime, ce serait un horrible malheur de mourir jeune et aimé aussi!... Ah! si vous n'êtes pas aimé, vous, monsieur, mourez..., Oui, mourez seul.... Je vous en estimerai davantage.... Le monde vous regretterait beaucoup, monsieur..... Je vois bien que je vous affectionnerais aussi!...... Les femmes admirent toujours le courage!..... Oui, je vous aimerais mieux, je vous aimerais malgré moi...

— Vous vous hâtez bien, madame, d'essuyer vos paupières.... A propos, danseriez-vous, un jour, sur mon tombeau, lorsque vous ne redouteriez plus de m'entendre dire ce que je vais vous dire ici, en face : Vous êtes adultère!....

— Taisez-vous !.... Indignité !... Indignité !... Monsieur, désormais ma porte vous sera défendue..... C'est trop abuser !...

— Vous êtes adultère !... Que m'importe votre courroux ?... Retenez donc, madame, que j'ai des pressentimens qui se moquent de toutes les chances... Pourquoi tiendrais-je à vous revoir ?... Je ne veux pas que vous m'aimiez, moi, à mon tour ;... car être aimé par vous, à mon tour, madame,... j'allais dire que cela me ferait horreur !...

— Monsieur, monsieur, mon mari apprendra tout.

Elle sonna.

— Tout ! Avez-vous résolu de lui apprendre tout ?... Madame, ignorez-vous qu'il se vengerait dignement de vos meilleurs amis ? J'appuie exprès sur vos meilleurs amis, madame..... Ne craignez-vous rien pour d'autres?... S'il soupçonne seulement sa femme, sera-ce alors mon nom qu'il doit apprendre le premier?... S'il se battait pour son honneur, qui lui servira de témoin?... Si on revient, par hasard, vous déclarer que monsieur le comte est blessé, qui se chargera de ce message?... Pâliriez-vous, madame la comtesse, devant monsieur Ernest Vaslin?... — Mais voici vos gens, madame,... il est temps de sourire... Voulez-vous chanter?... je vais vous accompagner....

— Mon mari!...

Je touchais quelques notes sur le piano, quand M. de Liadières entra respectueusement.

XXIII.

Monsieur de Liadières alla se poser debout, devant la cheminée, après avoir reçu dignement mes saluts. Il contempla, d'un air froid et sérieux, la comtesse qui restait assise sur le divan, comme si elle n'osait s'enhardir à s'approcher de lui. Elle était échevelée. Le vieillard soupira. Cependant sa physionomie impassible ne livrait aucune de ses émotions; et jamais la majestueuse sérénité de son front chauve ne m'avait inspiré autant de respect.

Au milieu du profond silence, que nul de nous ne voulait interrompre sans doute, je sentis qu'il me deviendrait amèrement pénible de subir une grave accusation, en face d'un tel juge. Je me hasardai à fuir, et me décidai à balbutier quelques mots d'adieux.

L'œil hagard, la lèvre crispée, Olympe se redressa subitement à toute la hauteur de sa colère, et me tourna dédaigneusement le dos, ne maîtrisant plus une sotte indignation.

Le comte attacha sur elle un regard perçant, et glaça d'un seul geste sévère cette femme qui allait l'embrasser, devant moi. Elle s'arrêta comme pétrifiée; et je ne pouvais plus moi-même secouer ce pouvoir étrange qui retenait deux coupables, ainsi que par le poids d'une chaîne de plomb. Mes membres suaient. Mes cheveux se hérissèrent. J'avais des étourdissemens de vertige. Et voilà qu'il me paraissait voir une ondée de lumière descendre sur le visage de cet homme, comme un rayon pur de soleil sur la neige éblouissante des Alpes... Oh! il était beau, ce vieillard! Qu'il est beau!...

Ainsi que la statue d'un dieu qui se détache de son piédestal, il s'avança vers moi, pendant que je me rejetais en arrière, pour ne pas être touché par le souffle de son haleine.

— Je vous souhaite un agréable voyage, monsieur; car nous n'espérons plus avoir très-probablement l'avantage de vous revoir, avant votre départ pour l'Italie, je crois.....

Je saisis facilement le mystère de cette explication. Il savait tout sans doute : mais ces paroles me soulagèrent; et je pus respirer.

— Oui, monsieur le comte, je quitterais volontiers Paris; mais je comprends qu'il est peut-être de mon devoir de mourir en France.

— Me demandez-vous un conseil? monsieur.

— Je vous obéirai, monsieur le comte.

Il hésita, au moment où il allait parler; et il me sembla qu'un peu plus d'estime l'intéressait à me juger avec indulgence. Une larme se cacha mal sur ses paupières mouillées; et sa voix s'était adoucie, quand il me bégaya à l'oreille :

— J'ai besoin de la nuit pour vous répondre, monsieur.

— J'attendrai vos ordres.

— Adieu donc, pour ce soir, jeune homme!... Adieu!

— Je suis à vous, monsieur le comte, pour la vie.

Je me retirai, ne souffrant point qu'il m'accompagnât au-delà du boudoir.

XXIV.

Il était rentré....
Tant de secousses morales avaient fatigué les ressorts de mon existence, dans cette journée si pleine d'épreuves, que mes genoux pliaient, et que mes jambes refusaient de me soutenir à marcher. Je tombai sur un fauteuil du salon qui servait d'antichambre aux appartemens secrets d'Olympe.

Tout-à-coup je frissonnai en réfléchissant que j'occupais là peut-être la place du comte, pendant mes reproches à la comtesse; et, malgré moi, je prêtai mon attention à la scène qui se passa dans le lieu que je venais d'abandonner. Voici ce que j'entendais trop distinctement :

. . . .

— Il est bien tard, madame.

— Je ne prétends plus, *monsieur de Liadières*, être obligée désormais d'accueillir chez moi des gens qui me paraissent doués d'une humeur insupportable dans leurs visites d'une éternelle longueur....

— Je ne vous comprends pas, madame.

— Je vous en prie, ne me tourmentez point l'esprit pour découvrir là-dessus les motifs de mes répugnances.

— Cette discrétion vaut-elle d'autres aveux?... Ah! d'honneur, votre cause est la mienne, madame la comtesse!... En effet, j'avais cru souvent remarquer certaines manières de conversation, dont vous deviez tôt ou tard m'expliquer le sens.

— Ciel! seriez-vous jaloux?

— Mais, madame...

— Oh! rassurez votre jalousie.

— Jalousie!... Moi, jaloux!.. Ces sortes de termes me blessent, madame la comtesse... Un mari de l'époque, jaloux!... Je vous en conjure, du moins ne me ridiculisez pas... Je vous baise les mains pour que vous ayez une bonne nuit, madame....

J'eus peur de le voir sortir, mais sans doute elle l'arrêta. Je ne pouvais plus m'empêcher d'écouter jusqu'au bout.

... — Mon ami, vous reverrai-je demain? Je m'ennuierai long-temps jusque-là.

— Madame, jurez-moi que ce monsieur Charles...

— Vous vous trompez : je le jure.

— Ah !

— Monsieur de Liadières, songez-vous quelquefois à moi ?

— Olympe, certainement, je vous aime toujours !...

— Vous m'avez laissée seule bien souvent, monsieur le comte... Non, vous ne m'aimez plus, comme vous m'avez aimée !.. Pourquoi cela ?... Ne me déguisez pas si vous me supposiez les premiers torts de l'indifférence... Ah ! mon ami, défiez-vous vite de pareils soupçons... Mon Dieu ! je voudrais vous aimer encore ainsi que jamais !... Qui pourrait vous prouver d'ailleurs que j'ai cessé de vous aimer autant ?.. Osera-t-on vous le dire ?.. Me croiriez-vous coupable ?.. oh ! de coquetterie seulement, n'est-ce pas ? monsieur... Suis-je donc même si coquette ?..

— Quel enfantillage de vous accuser vous-même ainsi !.. Olympe, vous n'êtes guère raisonnable, en vérité!.. Si vous semblez vous offenser de quelques dehors de refroidissement, vous savez pourtant bien que deux époux ne peuvent pas roucouler éternellement de l'amour!... Un homme, madame la comtesse, doit vivre aussi pour de nobles ambitions!.. Dans les intrigues de cour, on rencontre des choses qui arrêtent, un moment, les plus belles imaginations d'amoureux!. Il n'en est pas ainsi d'une femme!.. Son bonheur, son devoir sont d'aimer... Aime-moi bien, Olympe... aime-moi bien toujours... J'en resterai reconnaissant... Nous n'avons pas d'enfans... ainsi tu ne dois d'ailleurs aimer que moi!..

— Hélas!.. soupira la comtesse...

Ici je me retrouvai assez de forces pour m'enfuir, pendant que ces deux lâches époux, couple méprisable, s'accordaient et se rendaient des caresses, des baisers sacriléges.

Je l'ai deviné là, pour la première fois : il n'y a plus d'adultère en dehors des droits du mariage.

XXV.

Une lettre, une lettre, chez moi !

Cette lettre sera d'Ernest. Il va sans doute me demander compte de ma conduite de la matinée. Il m'adressera des reproches peut-être, sinon de froides menaces et un cartel, puisque cela doit finir ainsi. Ernest, que j'ai misérablement insulté, me hait, à son tour; et nos deux haines vont se rencontrer enfin. Que cette certitude va bien à mon âme ! et que je suis aise de pouvoir dire, ce soir, à ma vengeance : Dors, ma vengeance; dors tranquillement, à mon côté. Dors, toute la nuit, ma vengeance. Il est inutile de nous éveiller, avant le jour,... avant l'heure où la terre attend les premières gouttes de rosée ! La rosée sera de sang, ma vengeance ! et qu'importe de quel sang ?... A demain ! n'est-ce pas ? à demain !...

Mais quoi ! où est le nom d'Ernest ? Point de signature !... Quel autre a griffonné ce billet inattendu... Qu'ai-je vu ?... Quels soupçons !... La surprise vraiment deviendrait étrange !... Oh ! il faut lire vite, à dévorer les mots...

— Madame Demassy a l'honneur d'inviter M. Charles à venir, mercredi prochain, passer la soirée, à l'hôtel, rue Joubert.

— Il y aura concert et bal. —

. . . .

J'étais mécontent. Impatiemment je déchirai ce papier imbécille, comme si je ne lui pardonnais pas de m'avoir trompé deux fois. Je disais haut : Ce Vaslin est donc un lâche !... et cependant, malgré moi, je sentais vaguement que ma haine ne se plaignait pas seule au fond de mon cœur. Il y avait, dans mes espérances, je ne sais quels pressentimens où je me trouvais déçu plus amèrement encore. Quand je cherchai en vain à reprendre la lecture de ces lignes tracées par une main de femme inconnue, il me sembla qu'il manquait quelque chose et qu'on m'avait fait tort, dans cette courte et cérémonieuse invitation, d'une phrase d'amitié au moins. Le mystère déjà commençait à se découvrir; et j'avais de soudaines inspirations qui m'éblouissaient d'une clarté imprévue...

Un moment, je restai anéanti de stupeur. J'avais froid dans toutes mes pensées; et j'étais n'existant qu'à moitié d'une existence incertaine, incomplète, comme si je ne m'appartenais pas au milieu d'un vide indéfinissable...

Puis, debout, toujours silencieux, l'œil fixe, je me surpris bientôt devant une glace, à étudier ce que j'avais en moi, derrière la transparence de mes regards. Or cette habitude instinctive m'a servi souvent, lorsque je ne veux plus d'une conscience qui fasse l'endormie; car il me paraît presque certain que cette répercussion visible des nuances, des reflets, des ondulations, des châtoiemens de la physionomie, aide à saisir les rapports particuliers de nos idées, sous leurs formes multiples et capricieuses. Alors il est temps de descendre jusqu'au plus bas de l'âme, ainsi qu'il faut à l'endroit où la surface de l'eau est irrisée, replonger le cadavre qui vient d'y tomber...

Et maintenant d'où naît ce pouvoir de mes yeux sur mes yeux, qui sont seuls à se voir, et de mon sourire sur mon sourire, qui s'attaquent ensemble l'un et l'autre ? Pourquoi donc, moi, ai-je peur de moi ? Cependant, peu à peu, je m'approche, afin de m'identifier à cette image dont le contact aimante mon front, d'une puissance de réflexions inaccoutumées. J'ai tressailli. La vérité m'a touché du choc d'une étincelle. Je sais tout. Je ne peux plus me dissimuler que j'aime... J'aime !

Oui, j'aime ! j'aime ! Moi, j'aime d'amour ! Oui, oui j'aime une enfant ! C'est Nanine que j'aime ! Hélas ! il faut bien que je l'aime, puisque mon ancienne ignorance a trouvé que ce mot avait un sens aujourd'hui, entre elle et moi. Hélas ! il faut que je l'aime beaucoup, puisque je ne l'ai point revue, depuis ce jour, où elle m'a répondu : *jamais !*.... pourtant ce n'est pas elle que j'ai oubliée, c'est ma raison ; c'est ma haine aussi que j'ai oubliée, tout-à-l'heure, pour l'amour que j'ai d'elle !... Oui, oui, je l'aime !...

Et je l'aime plus que je voudrais l'aimer, je le vois. Mais qu'importe ! je ne suis pas habitué à jeter mes passions au-dehors, comme on fait d'un créancier, qui mettrait la main sur votre habit, sur votre or, sur votre sommeil, en jurant : Vous n'avez pas le droit de porter un habit qui est à moi, d'avoir de l'or qui est à moi, et de vous reposer d'un travail qui est à moi..... Vous m'appartenez, monsieur! — Indignité! mon bien-être, mon sommeil, qu'est-ce sinon des hors-d'œuvre de mon existence? J'ai une autre nature quelque part dans le foyer de mon cœur; et je me sens mieux homme que cela. Il me vient des passions de haine et d'amour: eh bien! j'aime et je hais. Voilà-t-il pas quelque malheur!

Que cet amour surtout, que cette haine soient donc ma vie, toute ma vie maintenant! L'amour d'abord! l'amour avant la haine!... Il est bon de me l'avouer ici, je ne suis pas né pour haïr. Si j'avais aimé un peu, jamais je n'aurais trouvé l'occasion, le temps de haïr Ernest, qui n'a d'autre crime d'ailleurs que de ne pouvoir suffire à mon amitié. Ah! je lui pardonne volontiers notre rivalité pour la comtesse, qu'après tout j'outrage, sans jalousie; je lui pardonnerais cette fatuité qu'il eut de s'assurer autrefois de mon rendez-vous, et de savoir que je mentais; je lui pardonnerais cette brutalité de son égoïsme animal, et son infatigable acharnement à m'imposer sa présence, à me voler mes loisirs, mes rêveries, ainsi qu'on n'emprunte de l'argent qu'aux personnes les plus chères, et qui n'osent pas refuser: je lui pardonnerais enfin sa misérable médiocrité qui me gène à chaque instant, comme il convient d'excuser quelqu'un d trop petit qui se pend à votre bras complaisant.... Cependant lui pardonner d'être mon plus vieux, mon plus intime, mon meilleur, mon seul ami, cela m'est impossible, non par vanité, par susceptibilité, par dédain, par désaffection; mais seulement, hélas! par ennui, par dégoût, par des répugnances naturelles, par désenchantement, par nécessité d'aimer autrement et davantage!...

Ainsi je vais au large, et je suis content d'aimer d'amour. Si je m'effrayai aussitôt que ce doute se présenta dans mon esprit indécis, c'est que Nanine, frêle, rose, jolie et rieuse, est bien jeune encore, la pauvre enfant que j'aime! A prévoir de loin, peut-être ai-je peur, avec raison, que cette vierge à la tête blonde comme un épi mur, ne soit pas l'Éloa, née d'une larme, qui descendra, pour moi, du ciel, afin de me consoler de la terre. Je serai tout simplement un jeune homme qui aimerai profondément une jeune fille; et cette jeune fille, inapprise à la religion de l'amour, s'imaginera m'idolâtrer, si elle pense qu'elle m'aime!... De sorte que notre passion mutuelle, pourrait, à cause de cela, ressembler, un jour, à quelque histoire, qu'on rime en romance de salon... Oh! en vérité, lorsque déjà la plus douce chose au monde, c'est aimer, c'est aimer Nanine, je sais là que Nanine s'abandonne parfois à des instincts de coquetterie. Je n'aurais pas le ridicule d'être jaloux; mais une fois que j'aurai douté, je deviendrai malheureux... Elle ne s'en apercevra jamais, elle, sans doute!... Et j'aurai soupçonné bien des parjures dans un sourire!... Quand pour me plaindre alors, je m'approcherai d'elle, au milieu de la foule des indifférens, Nanine, je le crois, voudra bien avoir la complaisance de ne pas s'éloigner. Je serai pâle. Je tremblerai. D'une bouche timide qui permettra à peine aux sons de ma voix de se faire entendre, je lui dirai : Vous me trompez!... Elle répondra vite : Non!... Et sans que rien l'ait troublée ensuite, elle s'envolera vers d'autres hommages, moins sérieux, moins exigeans!.... Puis, en se souvenant, par hasard, de mes inquiétudes : C'est un fou qui m'aime trop, se répétera-t-elle, pendant la danse, où j'épierai les regards furtifs de ses beaux yeux noirs, presque toujours pleins de bonheur !.....

Néanmoins je consens à l'aimer, et j'accepte d'avance tous les torts du malheur que je me prépare. Me voici prêt à cette épreuve de dévouement. A force de paradoxes, j'ai fini par me pénétrer de cette conviction, qu'il est bien de se respecter soi-même dans ses inspirations intimes. Je ne veux donc pas engager une lutte, où je craindrais de succomber d'ailleurs, tôt ou tard. Assurément je ne puis plus être la dupe de mon indignation contre la comtesse. Tout est compris à présent ; et quand Olympe, pour avoir effleuré, en passant, un nom magique, s'est heurtée à des ressentimens inflexibles de ma colère ; quand j'ai laissé déborder sur elle tant de fiel, tant de mépris, tant d'injures, que je m'étonnais, que je me reprochais d'aller si loin, avec une femme humiliée lâchement ; quoi ! je reculerais devant une prévoyance d'égoïsme personnel, et je me rendrais coupable d'avoir pitié de moi seulement ! Non. Parce que je récuse avec conscience les préjugés d'une société vermoulue, je ne me crois pas le droit de me manquer dans mon estime. Je dois me punir, et je me punirai. Ma vie est l'expiation secrète que j'offre à la comtesse. Ernest ou le comte pourront me tuer, s'ils veulent, demain. Je ne serai libre de moi qu'après ce duel. Peut-être vaut-il mieux mourir que d'aimer ! Mais si je ne meurs pas, j'aimerai comme on aime, quand on est moi !

XXVI.

Le chant du coq m'a réveillé. C'est la première fois que j'entends le chant du coq, dans ce Paris, ville de boue et de plaisirs qui n'ont pas besoin d'air pur, comme *on ne rencontre plusieurs herbes vénéneuses qu'auprès du fumier.* Mais pourquoi, ce matin, ce chant étranger du coq? Que me font les souvenirs du village, de mon enfance et de ma vieille nourrice? Je ne ressens plus d'impressions naïves; et je pourrais me demander ici : A quoi sert ce ciel bleu!....

C'est qu'il a été dénaturé quelque chose en moi, par des germes de corruption, jusqu'à la moelle de mon cerveau. Cependant je ne me crois pas tout-à-fait coupable là-dessus. Si je me suis exposé maladroitement et de trop bonne heure aux frottemens d'une société, où je n'avais pas ma place, une place quelconque; malheur à moi! Si j'ignorais que certaines nécessités de la civilisation aigrissent le caractère de ceux qui demandent trop aux choses imparfaites de l'humanité; malheur encore à moi! Si dans ma jeunesse vertueuse, je suis allé me chauffer l'âme à des exaltations délirantes ; malheur toujours à moi !... Je naquis bien malheureux ! Mais qu'avais-je donc fait pour naître si malheureux ? Il y a des hommes qui se plaignent, qui souffrent : j'en ai vu pleurer : je ne les comprends pas, moi. Ces hommes, ces malheureux-là ont une famille. Tout le monde enfin a un père et une mère !... Et malheur, malheur à l'orphelin de naissance ! — Qui donc m'a chéri ? Ma nourrice. — Quand on m'a élevé, j'ai appris que cette femme de campagne, presque ma mère, hélas ! avait un autre sang qui ne valait pas le mien ; car il paraît que j'ai un sang noble dans les veines. — A propos, nous verrons sa noble couleur dans ce duel d'aujourd'hui même ! — Qui donc m'a instruit ? Un prêtre ignorant, fanatique. J'ai passé quelques années à lire la Bible et Homère, Homère surtout, à cause de l'impétueux Achille... Je desservais par fois la messe à l'autel, avec idolâtrie pour Jésus et la Vierge. Comme alors j'ai cru d'amour en tous ces mystères, trésors d'adoration! Que mes songes ont rêvé de palmes du martyre! Que mon imagination a touché de fois les trônes des cieux! — Et puis, voilà que ma pensée étant trop forte pour mon corps faible, je tombai malade, consumé d'une fièvre de fermentation intérieure. De là, adieu la santé à jamais; adieu le bonheur aussi! De longues rêveries m'ont habitué peu à peu à cet isolement de mon individualité parmi tous les autres. — Au collége même, où le bon curé (que cela lui soit pardonné!) mon bienfaiteur, me fit entrer par protection, je ne voulus point partager ce que je pressentais en moi de supériorité intellectuelle, avec des camarades qui répugnaient à descendre au niveau de ma naissance, ou de ma fortune. Inhabile aux exercices de gymnastique, je tournais le dos à leurs jeux qui contrariaient mon humeur dédaigneuse de la moindre application à l'étude des rapports physiques, et des effets de la matière. Ah! je me rappelle bien voluptueusement encore que je portais, jour et nuit, sur mon cœur, sous ma chemise, une *Jérusalem délivrée* qui nous était défendue; et je montais au haut d'un arbre, m'abritant d'une surveillance sévère par le feuillage, pour relire, une centième fois, l'amoureuse histoire de Reynaud, le chevalier français, le prisonnier d'Armide, belle comme les fées, et plus puissante qu'elles parce qu'elle était plus belle!.... — De cette façon, me laissant distraire à des insouciances de nonchaloir, à des débauches d'esprit seulement, je vécus pour moi, ne sachant que moi... Or j'entrai bientôt dans une vie nouvelle, celle du monde; et je m'y présentai avec des idées et de l'ambition. Ne connaissant rien au-dehors de ce cercle de ma spécialité, je n'avais pu choisir aucune profession. Je devins donc penseur par métier, homme de lettres de nom. — Pourtant l'art à ses exigences de formes particulières : j'étudiai en vain cela, trop tard. J'ai plus d'âme qu'il en faut pour avoir du génie même ; mais jusqu'à présent, nous ne découvrons, nous autres hommes, qu'il y a une âme là seulement, où nous voyons un corps; et puisque ma muse insubstantielle échappe à la preuve de nos organes humains, je me sens obligé douloureusement de le reconnaître : je suis, selon moi, ce que je voudrai, excepté un artiste... L'erreur de ma jeunesse entière s'est fixée long-temps à cette sotte illusion; et quoique je me sois enfin désabusé par de nombreuses expériences, pourtant je doute encore. Chaque jour, j'assiste convulsivement à la lutte intérieure des deux principes essentiels de mon existence. Le positif des intérêts matériels me fait câbrer sur ce lit de Procuste. Et cela durera jusqu'à la mort, à laquelle j'ai recours, à travers mes indécisions de scepticisme, toujours pour le lendemain. Je ne crains ni le cercueil, ni la douleur, ni l'oubli ; mais je suis paresseux à l'exécution : voilà tout. Mon désir est un rêve, non une volonté. J'ai besoin de songer en tout, partout. Cette manie de rêveries, depuis mes hallucinations de dévotion, aux genoux de la Vierge Marie, jusqu'à mes blasphèmes d'athéisme, c'est le même cancer qui fait le tour de mon cœur en le rongeant de plus en plus!...

XXVII.

De souvenir en souvenir, d'idée en idée, d'observation en observation, j'avais déjà laissé long-temps mon esprit distrait s'échapper à travers l'espace des chimères de l'analyse ; et, comme une danseuse prélude, à l'écart, à s'arranger des grâces instinctives, savantes, je me complaisais encore dans ces coquetteries de philosophie, espèce de vie par intus-susception, lorsqu'un bruit particulier déconcerta l'harmonie de mon silence et de mon immobilité.

Je relevai le front. Mon œil devint stupide, hagard. Il fallut bien me ressouvenir tout-à-coup de ce que j'étais, de ce que je suis; et je me méprisai vite d'avoir pu m'étudier si consciencieusement, si exclusivement, comme un phénomène solitaire, moi, dont la destinée appartenait à trois ou quatre personnes aimées ou haïes de moi, seulement par fantaisie d'aimer et de haïr. J'en fus honteux peut-être. Le sang me revint au visage, mais rien au cœur. Hélas! toutes mes passions de la veille avaient avorté. Je m'étais suicidé en elles, à décomposer mes sentimens de l'âme, ainsi que Saturne à dévorer sa postérité mâle. Je me retrouvai vide et creux au cœur, comme autrefois. J'étais plein de néant. J'avais rêvé.

Cependant la porte de mon antichambre restait entr'ouverte, et je m'aperçus qu'on n'osait pas entrer. Je m'avançai. Dès que j'eus déplacé mon corps par un premier mouvement, il se fit que quelque chose exista de nouveau en moi : je pensais.

Il était temps de m'approcher. On allait fuir. Ce n'était pas Ernest, ce n'était pas le Comte, que j'attendais, ce matin, tous les deux. C'était une femme. Pourtant je ne fus pas surpris, je crois. Je tendis poliment une main respectueuse à la comtesse de Liadières.

Elle demeurait, devant moi, les joues gonflées, les dents stridentes, et sa prunelle olivâtre, dilatée jusqu'à remplir tout l'orbite. Quand je voulus lui parler de s'asseoir, elle me refusa dédaigneusement, par un signe étrange, comme si sa tête décollée branlait machinalement sur les épaules d'un automate. Aussitôt je cachai mes pistolets, avec quelques papiers de musique qui se rencontraient adroitement près de moi. Elle me devina. Je vis qu'elle ne pouvait ni parler, ni sourire pour me remercier. Mais tous ses traits se crispèrent d'une convulsion subite. Des hoquets déréglés s'entre-coupaient dans son gosier taché, en-dehors, de veines noires. Elle étouffait de se taire et de ne pas pleurer.

Je m'élançai pour détacher sa ceinture. Voilà qu'elle se recula, tout électrisée, toute possédée, sous le plus léger toucher de mes doigts. Elle se roula, dans un coin, comme un serpent en spirale, me menaçant pour se défendre. Elle me dardait sa haine ; et cette belle colère m'éblouissait d'admiration...

Enfin je la rassurai ; et elle consentit à ne plus se défier de mes insultes. J'étais accablé moi-même de ses soupçons méprisans ; et je les lui reprochais, gardant toujours le silence, par je ne sais quelles marques involontaires d'estime nouvelle.

Cette femme se troubla à son tour. Elle pâlissait déjà. Ce qu'elle avait senti un moment, de surnaturel, à force d'être passionnée, s'était affaissé peu-à-peu. Ses bras glissèrent en bas. Elle redescendit à avoir de l'amour-propre pour l'opinion avantageuse que je semblais lui témoigner humblement sur elle. Elle rapetissa ses regards moins irrités. Elle respira l'air que je respirais. Elle tomba sur un siége. Elle rougissait. Elle s'animait à comprendre mon étonnement, à mériter mes respects.

Elle en vint à ouvrir les lèvres. Je paraissais espérer ses paroles. Pourtant elle se remit à me craindre. Elle tremblait de nouveau. En vain je cherchais à la satisfaire par l'obséquiosité de mille délicatesses révérencieuses. Au lieu de parler, elle s'attendrit, en versant quelques larmes. Courbée sur ses genoux, elle sanglotte; puis se croit seule avec sa douleur muette, dont je n'ose la consoler.

Soudain elle jette un cri sourd :

—Lui! c'est lui! c'est le Comte! Cachez-moi, par pitié!... par pitié, monsieur, sauvez-moi de mon mari!...

Je prêtai l'oreille; elle ne s'était point trompée. Des pas se faisaient entendre sur les marches criantes de l'escalier; et notre imprévoyance avait négligé de fermer la porte même de mon appartement.

—Oui, oui, je vous sauverai,... il le faudrait, malgré vous.... Mais ici point de cabinet!... ô mon Dieu! Pardonnez-moi, madame... hélas! on arrive... quoi! ce sont deux pas, deux voix!... ah! nous nous abusions... Vous avez des terreurs inutiles, madame la comtesse...

Elle bondit en sursaut :

— On s'arrête là, vous dis-je.

En effet, quelqu'un frappait en dehors...

Olympe se précipita sur une armoire, que j'oubliais. Je l'y poussai...

Heureuseument deux personnes semblaient se faire cérémonieusement les honneurs de prendre les devans, pour paraître en ma présence.

Elle en profita pour se blottir derrière des porte-manteaux.

— Silence !
— Si c'était plutôt Ernest ! répondit-elle.
— Est-il permis d'entrer ? disait la voix connue de M. de Liadières.

Elle retira vite sa tête. Je l'avais brusquement écrasée en poussant l'armoire.

—Je suis entièrement à vous, messieurs... Daignez...

Je me rappelai la clé ; et je la pris, pendant que je l'entendis soupirer.

Pourquoi Ernest et son mari venaient-ils ensemble ?

XXVIII.

Monsieur de Liadières, s'appuyant sur sa canne, se tourna vers Vaslin :

— Je vous demande pardon, mon ami, de vous avoir devancé ici, pour causer avec monsieur d'affaires presque personnelles.

Ernest s'inclina :

— J'aurai fini avant vous, probablement, monsieur le comte, et pour vous laisser le champ libre, si vous le permettez, je vais partir après un seul mot d'explication...

Et il me montra une bague, ajoutant d'un air ému :

— Tu as donné cette alliance à Césarine ?

— Non.

— Réponds-moi sur l'honneur.

— Sur l'honneur, je ne connais pas cet anneau...

Cet homme se hâta de ne rien recueillir au-delà de cette réponse. Il me porta sur sa poitrine ma main stupide d'obéissance passive. Je sentis, malgré moi, son cœur battre d'une joie inexplicable. Puis il se mit à rire aux éclats. Nous le regardions se pavaner de je ne sais quel délire de bonheur. Tout-à-coup il voulut nous quitter; mais il revint sur ses pas. Il s'empressa de m'embrasser; et s'envola, pendant que je restais hébété d'un pareil dénouement...

— Monsieur, me dit, à son tour, le Comte impatient, quelqu'un m'a juré que vous n'aviez jamais...

— Jamais, monsieur.

Le vieillard se rapprocha de moi:

— Sur l'honneur?
— Sur l'honneur, jamais!
— Ah! il serait maintenant injurieux pour vous d'insister davantage... Excusez donc la susceptibilité ombrageuse d'un ancien militaire... Nous devenons amis, n'est-ce pas? monsieur...

Et cette histoire que j'espérais écrire avec du sang était déjà terminée par des formules de sermens...

L'époux et l'amant offensés s'étaient retirés tour-à-tour, dans le contentement de ce qui venait de se passer là, moi seul n'ayant pas satisfaction de l'impunité de vengeance qu'ils me sacrifiaient...

O la plaisanterie que de dire aujourd'hui: J'aime ou je hais! j'ai des passions!...

XXIX.

J'ouvris l'armoire, mécontent d'un sot triomphe.

— Eh! mon Dieu! sortez donc, madame. Il est ridicule de vous cacher. Je vous assure que vous n'avez rien à craindre. Tous les deux, ils sont lâches!

— Silence! je vous en conjure, monsieur.

— Ils sont lâches tous les deux, je vous le repète. La preuve, c'est que nous vivons, eux et moi. Eux, l'un, votre mari, l'autre, votre amant, madame; et moi, pourtant, qui reste entièrement le maître de votre destinée de femme. Voyons! que voulez-vous que je fasse de vous? parlez vite.

— Mais vous ne m'aimez pas!

— Eh! non, je ne vous aime pas!

— Épargnez-moi d'entendre de pareilles insultes.

— Ah! je vous insulte à ne pas vous aimer!

— Comment pouvez-vous abuser de l'horrible position où vous m'avez jetée?

— Moi?

— Vous, monsieur Charles, vous-même.

— Vous serez donc toujours coquette?

— Malheureuse que je suis! vous me rendez bien malheureuse. Tuez-moi plutôt. Je le désire, je le veux.

— Si vous parlez sérieusement, j'y consentirai pour vous plaire, mais ne jouons pas de drame aussi niais, si c'est possible.

— M'estimeriez-vous davantage? Charles, répondez-moi : j'attends la mort de votre réponse.

— Je vous frapperais d'abord. Votre courage décidera mon admiration.

— Frappez donc...

Sa robe se déchira. Elle m'offrit son sein nu.

Je faiblissais. C'était du respect.

— Hésitez-vous ? dit-elle.

— J'ai peur de l'échafaud, repris-je sèchement.

— Ah ! je vous remercie de votre sang-froid. Il faut vous signer l'aveu d'un suicide volontaire; mais cette précaution, que j'avais oublieusement dédaignée, suffira-t-elle ?

— Je suis aussi content de vous, madame, qu'il m'importe de l'être.

Elle soupira :

— Vous n'êtes qu'un homme, monsieur. Je vous reconnais. Voilà comment pensent les hommes ! Ils admettent qu'il est plus facile de ne pas aimer que de vivre. Ils blâment, ils méprisent les femmes ! Enfin, vous m'avez méprisée, vous, monsieur Charles ! Eh bien ! je tombe à vos genoux, et vous allez m'écouter, avant que vous me tuiez, avant que je meure par vous, et pour vous.

Elle me força de m'asseoir ; et se prosternant à terre, comme aux pieds d'un prêtre, elle ajouta, pendant que je n'osais piteusement l'interrompre :

—Charles, plaignez-moi. Les femmes souffrent tant ! Lui, monsieur de Liadières, s'est toujours cru le plus honnête homme du monde, parce qu'il remplissait ses devoirs de convenances envers moi, et qu'il n'a pas joué ma dot à la Bourse, et qu'il a supporté avec patience, disait-il, mes douleurs de n'avoir pas une fille..... Il ne m'a pas rendue mère, monsieur !... Hélas ! je m'ennuyais bien n'étant pas mère !... Autrefois, dans les premiers jours du mariage, je m'occupais à broder des dentelles, pour une layette.... Quand cet espoir s'échappa, souvent de vagues fantaisies d'imagination surprirent ma pensée innocente, et déjà m'égaraient, à mon insu, dans des rêveries dangereuses. Voilà que je me désenchantai peu-à-peu des joies de l'existence, telle qu'elle est. Il me fallait je ne sais quoi de plus vrai, de plus simple, de plus doux, de plus mystérieux, de plus intime. A cette époque, je me passionnai pour des fleurs, et je dévorais *l'Imitation de Jésus-Christ*. Je priais toujours sans remuer les lèvres, et les yeux presque en pleurs. J'aurais voulu même pleurer, toute la journée, avec des mendians, des enfans, ou d'infortunées religieuses. Plus tard, j'en vins à ouvrir un roman, pour m'endormir. Bientôt je consumai les nuits, lisant *Clarisse Harlowe*, *la Nouvelle Héloïse*, et soupirant. Pourtant mon âme ne s'était rien avouée encore, lorsque je recevais les froides caresses dont M. le comte s'acquittait par habitude, à certaines heures, comme à des échéances.

Eh bien! Charles, je le déclare solennellement ici, devant vous, qui m'avez outragée, moi, pauvre, pauvre femme! Malheur et honte à celles-là qui n'ont pas éprouvé, dans un jour, dans un moment, dans une circonstance de leur vie, le besoin de succomber à des faiblesses que vous ne devriez pas toujours condamner!... Oui, je suis fière de cette conscience que j'ai. Malheur et honte à celles qui se vantent de tant de vertu que cela devient de l'humanité animale qui boit, mange, dort, et se traîne à quatre pattes, sur les principes d'un rigorisme menteur d'insensibilité!...... Où est l'infamie, monsieur? C'est la société qui est infâme avec son estime maladroite, injuste qui récompense, avec ses dédaigneuses médisances qui flétrissent au carcan de l'opinion publique. J'y ai réfléchi souvent. Votre société s'est fait une morale, autrefois nécessaire et belle, qui se vautre maintenant dans la boue. Par exemple, le mariage.

Cette morale n'y permet-elle pas, n'y autorise-t-elle pas, par l'influence de l'usage, tous les libertinages et de monstrueuses prostitutions? Si bien que la plupart de vos devoirs consacrent des antipathies contre la nature du *cœur* humain! Vos devoirs, monsieur, ce sont presque toujours des vices qui ont peur de devenir des passions : ayez vos devoirs; j'aurai mes passions : gardez vos vices; je garde ma vertu !...

En même temps, elle avançait vers moi des mains suppliantes, comme pour être exaucée. De mon côté, je m'étais déjà disposé à raisonner là-dessus, et je lui posai froidement les graves argumens que voici, en faveur du thême de sa cause :

— Vous avez raison. Notre législation ne s'est occupée en rien de la pensée, de l'inspiration. Dans ce code de négations, on rapetisse l'âme à des proportions de non existence. Aussi les inconséquences, les absurdités se pressent, se foulent, se heurtent au milieu de ce chaos de rapports inharmoniques de la loi écrite et de la loi vivante....

Voyant que l'impatience la prenait de m'entendre chanter cette espèce de leçon, je passai la moitié de ma thèse, et je rentrai par un mouvement abrupt, dans la situation particulière que nous traitions :

— Moi, madame, je hais l'adultère...

Elle frissonna. Elle se tenait à mes genoux, bouche béante...

— J'ai, madame la comtesse, l'adultère en horreur... Et ceci n'est pas une phrase !... Parce que l'adultère est surtout une perfidie coupable, avec des conséquences affreuses. Mais que le ciel me sauve, un jour, de ces épouses estimables, saintes bégueules, qui jetteraient la première pierre sur la femme à laquelle il sera beaucoup pardonné, parce qu'elle a beaucoup aimé! Savez-vous bien qu'il n'a apparu jusqu'ici, sur la terre de ce monde, que le Christ pour dire à la face des nations que Dieu voulait souvent pardonner!... Et cette voix n'est pas encore comprise!... Et l'on a blasphémé depuis!.... Et parce qu'elles ne donnaient pas de poussière à l'analyse de nos myopes, on a renié des vérités d'un ordre supérieur, que l'on respire, comme l'air plus pur qu'il faut aller chercher au sommet des montagnes! Et dans nos civilisations modernes, où l'on jauge imprudemment le présent et l'avenir, selon l'étroitesse des plus égoïstes médiocrités, nous avons maintenant, dans chaque coin de l'Europe, des machines de fabrique, pour nous composer, par les lois du mouvement, de la pâte de devoirs, qui n'aigrisse pas sur la conscience!... Ah! seul je suis honnête homme, moi, dans ma révolte contre ce despotisme des inconséquences!... Eh! oui, madame, oui, vous avez bien fait d'aimer!... Aimez-moi! je vous aime!...

Elle ne répondait pas, s'étant relevée, et s'appuyant sur mes épaules, pour mieux épier ma pensée qui rayonnait dans mes yeux.

—Vous n'êtes pas sincère, Charles, quand vous parlez de m'aimer. Je vais vous expliquer ce qu'il en est de votre cœur. Franchement vous ne sentez rien que des sophismes. Charles, vous ne vivez que par la tête. Vous avez une organisation imparfaite, et vous êtes malheureux de subir cette influence d'un épiderme trop irritable aux moindres agaceries du dehors!... Comment voulez-vous que je vous aime?.....
Personne ne vous aimera jamais!.....

Qui peut se fier à ce jeu de hazard, que vous jouez en amour?... Si vous désirez tout savoir, vous m'avez étonnée d'abord... il y a plus, vous m'avez toujours effrayée!..

— Eh bien! que cela soit vrai! mais vous me céderez! je reprends les droits de la force. Je suis chez moi. Vous ne sortirez pas de cette chambre ci sans être déshonorée.

— Si vous aviez voulu être si peu généreux, vous m'auriez punie déjà de la confiance que j'ai eue en vous, monsieur Charles!...

— Eh! qui vous a prié d'avoir cette confiance aveugle?... Madame, je veux vous prouver que j'ai une volonté ferme, inébranlable!... J'ai décidé que je me vengerais d'un homme qui est votre amant!... Vous êtes accourue ici, ce matin, sans doute pour implorer ma pitié, pour me marchander sa vie! Quel prix m'en offrez-vous? Je renonce à la violence. Mais, puisque je l'ai arraché, malgré moi peut-être, et par une singulière susceptibilité de délicatesse, aux chances d'un double duel, contre moi et votre mari, madame, il faut m'en dédommager de suite ; et vous serez, un moment, ma maîtresse !... Je ne vois rien de plus simple.

— Je vous repète que vous vous mentez à vous-même ! je ne crains pas que vous vous vengiez jamais sur moi.

— Vous me forcez, madame, à ne plus hésiter. Les actions parlent mieux que la parole !...

Je l'enlevai dans mes bras ; et je crus l'immoler à une fureur qu'elle avait si savamment irritée.

XXX.

L'INSTANT était venu de me juger sévèrement. Je la débarrassai de mes étreintes frénétiques. Je me frappai le front sur la muraille. J'armai mes pistolets. Je ne voulais pas lui demander grâce d'un crime.

Elle avait suivi mes remords dans chacun de mes gestes. Elle s'élança vers moi; elle me cria:

— Console-toi! je suis seule coupable...

Et elle semble me commander impérieusement de déposer cette arme!.. Mais d'où vient que sa voix me maitrise? quelle est cette supériorité incomprise qui me fait tout-à-coup son esclave?.. Car, j'obéis involontairement... J'ai obéi bien vite!... Si ma surprise muette avait l'intelligence de sa dignité qui me domine! si ma conscience trahissait intérieurement le masque de ma vanité d'homme!... Oh! qu'elle ne craigne plus maintenant mes humiliations!.. Cette femme est admirable! jamais femme n'a été aussi belle!..

Elle m'entraîne à ses côtés. Elle m'enlace; elle serpente à mon cou. Les cils de ses paupières mobiles dégagent des étincelles. Ses regards me brûlent. Son haleine m'enivre. Je respire une existence en dehors de moi. Des désirs frémissans tombent de ma pensée inquiète sur chacun de ses charmes. Ma main s'est égarée. Son sein gonflé jaillit sous mon toucher amoureux. Des trésors de beauté m'éblouissent. Ma bouche desséchée approche enfin l'idole. Mes baisers rougissent des lèvres qui ne refusent pas. Je descends jusqu'au fond de son âme. Je bois sa vie. Je l'enveloppe dans mon bonheur. Nous sommes des dieux, elle et moi !...

Comment se fait-il que l'extase ait épuisé trop tôt ses flots de délices? Quel souffle a rafraîchi tout le sang qui battait mes tempes? Pourquoi les âcres voluptés se sont-elles envolées du cercle où nous étions !..

La voilà se laissant pencher, ainsi qu'un

lis qui cède au poids des perles de la rosée !... De molles langueurs inondent, goutte par goutte, le calice de ses souvenirs, que le silence écoute. Un moment, la respiration s'est balancée indécise sur des lèvres pâles, qui ne veulent plus s'entr'ouvrir. De mystérieuses jouissances montent encore à la surface de sa peau diaphane, où les frissons du plaisir glissent cependant, peu à peu, d'un pied distrait, sur des membres qui oublient déjà... Mais elle s'éveille lentement, et comme à regret, de cette béatitude aux délires ineffables. On dirait que son imagination s'arrête de branche en branche, avant de revenir à la terre. Car sa prunelle se défie de l'éclat du jour. Sa pudeur repentante interroge l'estime de mes caresses, si rares, si peu exigeantes, hélas !.. Les battemens de son cœur doutent du mien. Aussitôt elle se rattache à mon amour par des attaques convulsives qui recommencent en vain. Elle s'évanouissait seule. Elle fut obligée peut-être de me trouver ingrat...

Je me mis à la flatter de quelques mielleuses paroles, en amusant mon ongle dans les fils soyeux de sa longue chevelure :

— Sais-tu, ma douce lionne, que ta belle crinière est une miraculeuse merveille du monde ? comme elle ressemble échevelée et pendante, au feuillage d'un saule qui pleure !..

Elle faisait une petite moue qui la rendait toute gentille, en écoutant ma *poésie*...

— Si tu le voulais, tu pourrais te cacher, comme une Espagnole jalouse, sous cette mantille noire, qui se déroule jusqu'à tes genoux !... Et s'il vous est arrivé jamais de pécher, ô ma complice, vous n'auriez pas eu besoin de la ceinture étrangère qui permit à Eve de paraître devant la colère vengeresse du Juge tout puissant...

Émue et triomphante, elle jonchait mon visage d'une pluie de baisers lascifs. Elle se ployait, en folâtrant, comme un jonc, pour étaler toutes sortes de gracieuses minauderies. Nous étions enfans ensemble. Vraiment je ne valais pas mieux qu'elle. J'étais heureux. Et ce qui me plaisait davantage, c'était toujours de mesurer ses cheveux à mes bras plus courts, et de les voir retomber ainsi qu'une nappe d'eau écumeuse, sur les contours de ses formes divines...

— Tiens, je parie, coquette, que tu me préfères, à moi, quelque chose que je préférerais à tout ce qui n'est pas toi?

— Oh! non, non! fit-elle, en sursaut.

— Tu me sacrifierais ta chevelure? coquette!

— Oui, oh! oui.

— Toute ta chevelure ? coquette !

— Que veux-tu faire, capricieux, de toute ma chevelure ?

— Je voudrais la couper, pour la prendre, pour la posséder à moi.

— En vérité, Charles, c'est une folie....

— Si ma prière était raisonnable, quelle preuve aurais-je de ton amour?

— Tu as donc besoin d'une preuve?

— Eh bien! oui.

— Coupez, coupez ma chevelure, toute ma chevelure, vous qui doutez encore de moi, monsieur.

— Vous ne me refusez pas ?...

— Je vous répète que cela est à vous.

— Je t'assure que tu te repentirais, trop tard, de te faire mal comprendre...

Elle ne se donna pas le loisir de me répondre; et se posant devant un miroir, elle fauche, avec un rasoir ouvert là par hasard, la racine de ses cheveux qu'elle jette à mes pieds, comme une poignée de couleuvres mortes...

— Vous y mettez trop de façons, monsieur, reprit-elle, en me regardant, sans pitié, en face.

Que voulez-vous? j'étais humilié. Elle le vit bien; et s'étant assise froidement près de moi :

— Consentez-vous à m'entendre un peu? Charles, je sens le besoin de me justifier enfin. Nommez-moi cependant les torts que j'ai, si je vous aime. Quels sont mes crimes envers l'amour que j'espérais de vous? Mais monsieur, cela n'est pas vrai ce que vous avez pensé hier! On m'a calomniée. Je n'ai jamais aimé cet homme. Il vous a trompé. Ne faites-vous pas exprès de vous tromper vous-même?... Vous gardez le silence. Ce que je suis forcée ici d'avouer, vous étonne, vous confond. Vous préféreriez peut-être que je fusse coupable!... Mais je ne peux pas mentir pourtant!... Au contraire, Charles, je vous jure que vous me causez bien gratuitement de la peine!... C'est vous qui êtes la femme coquette dans tout ceci. Nous avons changé de sexe, pour ainsi dire. La première, n'ai-je pas essayé de compromettre votre amour-propre à souffrir que vous me rendissiez des soins en public? La première, je m'étudiais à vous parler d'amour; et je trouvais d'incroyables ressources à me faire vite, à cause du moindre à-propos, une conversation selon mon cœur. Que de fois, je m'avançai au-devant de vos confidences même les plus intimes! Alors je m'asseyais auprès de votre conscience! En y agaçant d'impatients souvenirs, je me laissais conduire, comme par la main, au bord de toutes vos erreurs de jeunesse, si profondément senties, hélas! pour acquérir l'intelligence du mystère de votre mélancolie!... J'employais vraiment d'étranges séductions! Quelquefois, par exemple, je me baissais pour embrasser un enfant timide; et je m'efforçais de vous prouver que je rougissais d'une pensée imprudente, à cause de votre présence!... Et ne vous souvient-il plus déjà que sous l'influence de vos propres impressions, je reflétais habilement votre physionomie par les mêmes nuances de pâleur, quand la peur me prenait, naïve et crédule, au récit de votre suicide manqué?... Et lorsque je semblais vibrer harmoniquement sous le pouvoir de vos paroles, de vos regards ou de votre silence, vous doutiez-vous, Charles, que si je m'intéressais ainsi à la candeur de votre passion de jeune homme de quinze ans, c'était surtout pour vous chatouiller, malgré vous, à me plaire?... Ah! que vous êtes injuste, et que je suis cruellement punie de vous avoir tant aimé!... Pourtant vous n'êtes pas méchant! Est-ce donc que vous ne comprenez rien à mon cœur? Eh bien! je vais vous révéler toutes mes faiblesses pour vous. Descendez maintenant jusqu'à moi, puisque je ne puis m'élever à vous. J'ai été jalouse : c'est ce qui m'a perdue. J'ai deviné d'avance ma rivale. Pourquoi flattiez-vous de vos hommages cette petite Nanine, une enfant?... Ah! vous rougissez encore à son nom, devant moi!... N'importe, je continuerai... Sachez que j'ai voulu reprendre votre amour qui m'appartenait. Dès ce soir-là, vous vous prêtiez instinctivement, pour vos intérêts particuliers, à servir les miens. O l'heureuse dupe que vous faisiez de moi!... Mais depuis vous résistiez à mes plus ingénieuses avances!... Je parlerai..... Votre humeur est comme un cheval sauvage qu'il faut caresser à rebrousse poil.... Ernest m'avait appris vos singulières indiscrétions... Il obtint sa grâce de l'aversion que je me sentais pour lui. Je le récompensai par des espérances, par des espépérances, vous dis-je, du rôle qu'il jouait... Je comptais sur votre jalousie... Tu devins jaloux; et tu ne m'aimais pas encore!....... Quand tu m'aimas enfin peu-à-peu, tu ressemblais à une femme qui n'ose pas s'engager tout-à-fait, avant le sacrifice d'une première défaite... J'ignore comment les choses se sont passées.... Nous étions de bonne foi, tous les deux, dans nos arrière-pensées, dans nos coquetteries mutuelles!... Seule, j'avais un but peut-être; et voilà pourquoi j'ai tant souffert!... Le hasard m'a favorisée sans doute. Ce duel m'effraya. J'accourus ici, chez vous, monsieur... Malgré cette bizarrerie de ma conduite, je vous laissai d'odieuses suppositions dans l'esprit.... Ensuite je vis que vous hésitiez à me rendre l'honneur, le seul que j'aie à mes yeux!... J'eus assez d'amour pour défier le vôtre... Vous avez cédé,... et maintenant vous doutez que je vous aime!...

Il n'y avait que deux phrases qui m'avaient frappé dans ce long discours; et je balbutiais, honteux de moi-même, les noms à présent décolorés de haine et d'amour, d'Ernest et de Nanine.... Elle se hâta donc de secouer cette torpeur où j'étais :

— Vous allez me reconduire chez M. de Liadières : il est temps de revenir à mes devoirs.

— Je suis à vos ordres, madame, mais...

— Partons, si je n'abuse pas trop de votre complaisance pour une malheureuse et coupable femme ? monsieur....

— Mais si l'on venait à te reconnaître ? Ton absence, ma chère Olympe, a dû motiver quelques soupçons.... Je serais désespéré...

— Je vous remercie....

— Vous l'exigez, je vous accompagne jusqu'à la porte de votre hôtel....

— Ainsi vous m'abandonneriez déjà !...

Elle se voila.

Nous descendîmes, moi la suivant, comme un esclave...

..... Tout-à-coup, comme si c'était une apparition magique, se présente à nous M. de Liadières... Surprise, à cette vue, l'épouse criminelle sembla se câbrer, comme pour se retirer en arrière. Il était trop tard. Il vint au-devant d'elle en lui tendant une main galante et presque amie... Les passans pouvaient croire que c'était un amant qui conduisait au bal sa tendre maîtresse.... Quant à moi, j'espérais envain échapper à ses politesses, lorsqu'à mon tour, il m'avança la même main, en disant impérieusement :

— Vous monterez avec nous, mon ami !
— Je vous avoue que....
— Je venais vous chercher, ajouta-t-il sévèrement.

Et il me montrait deux épées....

— Je ne comprends pas la présence de madame, faisais-je à demi-voix.

Il broyait ses dents de colère.

— Je vous déclare que madame sera de la partie de plaisir que nous projettons ensemble..... — Cocher, le plus vite possible dans un endroit écarté !...

Le cocher répondit insouciamment :

— Nous sommes près de la barrière Saint-Jacques.
— Bien. Fouette tes chevaux... — Vous vous soumettrez aux ordres de votre mari, madame. Il faut ce qu'il veut....

Personne ne parla ensuite.

XXXI.

J'envisageais, chemin faisant, la crise que j'avais à supporter.

Je sais pourquoi il m'importe peu de finir d'un coup d'épée ou d'une balle de pistolet. Depuis quelque temps, je me trouve préparé à toutes les chances du duel. Mais je ne m'étais pas arrangé cette idée d'un duel quelconque. Je me sens toujours désagréablement mal à l'aise avec l'imprévu, quand j'ai façonné mon rêve d'une autre manière. Je répugne capricieusement à toute exigence, devant laquelle on ne peut point reculer.

Or, cette affaire est une nécessité inévitable. Je n'ai pas l'envie d'espérer des tempéramens qui tendraient à une conclusion, en-dehors de la chose essentielle. Le duel prouve ce qu'il veut prouver, je le soutiens. On a beau mouler des phrases. Tout ce qui n'est pas le duel ment à ceux qui doivent se battre. Le spiritualiste Jean-Jacques ressemble à Pythagoras l'herbivore. Le meilleur raisonnement contre les ampoules du style et les sophismes de la sensibilité, c'est que notre estomac digère la chair des animaux ; et notre conscience, les conséquences d'un duel honorable. L'existence de personne n'est indépendante des conditions qui l'entourent, et lui assurent une valeur relative. Quand on joue à la vie, dans ce monde, on gagne et l'on perd, tour-à-tour, selon les accidens qui passent. Au lieu de se plaindre, on a eu le tort de naître, mal à propos, et sans intelligence....

Ce duel pourtant est une niaiserie.

Je vous demande la représentation que je donnerai là, moi, qui étais devenu misérablement l'ami d'un homme que la pudeur me défend de nommer, entre cet époux offensé malgré moi, et cette femme qui a violé si hardiment mon amour que je reste ignominieusement sa dupe et sa victime. Après tout, le remords ne m'inquiète guère sans doute. Dans certaines situations désespérées de l'âme, un remords fait du bien, comme de suer à temps, quand on est enrhumé. Cependant la religion des usages se refuse à ce que j'assassine le mari de ma maîtresse, devant elle. Je n'ai encore rien vu de cela dans aucune de nos pièces, dans aucun de nos romans. Je ne pense pas devancer le drame de la scène, dans le drame de ma vie contemporaine. La littérature crée des mœurs aux sociétés qui veulent sembler vivre. La bonne décence prescrit le reste aux honnêtes gens qui ont du goût.

D'un autre côté, c'est manquer à toute convenance que de se déshonorer, en mourant, pour une fantaisie d'adultère, par la main d'un personnage de mari. Ce n'est jamais le sang qui tache, c'est le ridicule. Je dispose donc ainsi le plan de la loyauté que je vais avoir. Mon adresse et mon épée seront seulement défensives. Je possède la prudence de ne pas craindre ce vieillard ; et je l'en désarmerai plus facilement, Dieu merci.

Je ne vois pas mieux!...

Maintenant, ne me jette pas, en silence, des regards farouches, homme stupide, auquel je promets d'avance la vie. Sur mon honneur, je serai généreux avec toi. Impuissante colère d'un cœur orgueilleux, que me veux-tu davantage?

XXXII.

Monsieur de Liadières s'adresse au cocher, pour descendre enfin.

Celui-ci baissa le marche-pied....

La comtesse ne se prêtait nullement aux intentions que manifestait l'époux irrité. Il lui secoua impatiemment le bras, pour l'arracher de force, et déjà il voulait se rendre maître de sa résistance à force d'aveugle brutalité. Pauvre femme! Immobile, muet, froid, le cou raide, le regard fixe, le front levé, je m'étais tenu jusqu'alors devant elle à côté de son mari, dans la pose d'un automate impassible, parce que j'étudiais encore jusqu'à mon indifférence même, pour elle, ma maîtresse, moi, profond philosophe que je suis!

Notre cocher, qui fumait sa pipe et caressait tranquillement ses bêtes, détournait cependant les yeux....

Après s'être vainement tordue en efforts désespérés, Olympe négligea de m'implorer pour la défendre, et se laissa glisser presque à terre. Je m'empressais enfin de m'approcher; mais elle repoussa la pitié que j'avais de lui servir seulement de soutien.

Le Comte m'apostropha :

— Suivez-moi, monsieur, et retenez

bien que vous allez mourir, si je ne meurs pas.

Je pinçai les lèvres, en répondant involontairement d'une façon d'ironie :

— Je consens à tout ce que vous exigerez des complaisances de ma volonté, monsieur le Comte.

Il s'empêcha aussitôt de marcher, s'arrêta, me toisa de son indignation :

— Plaisantez-vous ? misérable !...

Hors de lui-même, il s'était élancé sur moi. Sa rage, long-tems concentrée, brisait enfin le mors. Il me croisa ses deux poings sous le menton. Il menaçait, il s'irritait davantage, il allait se déchaîner.

Madame de Liadières accourut presque suppliante. A cette vue, il oublia toute dignité... Elle poussa un cri : il venait de mordre cette femme à l'épaule...

Eh bien ! je sautai sur les épées qui étaient tombées sur le gazon.

Je suis armé.

Nous le sommes; et chacun se met en garde. L'action va enfin se dénouer. Nos fers se mesurent bientôt, et s'attaquent. Les corps s'assouplissent. Les bras se tendent, s'allongent, se retirent. Les deux luttes se fatiguent. Pourtant la prudence veille moins que la ruse : mais nos colères se valent.

Les efforts redoublent : il faut en finir. Voilà le sang qui coule ! c'est le mien ! Je suis blessé à la hanche.

— Ah ! ah ! monsieur le Comte, vous êtes mal habile ! Vous glissez au bord du cœur ! Où est le vôtre ?...

Au lieu de répliquer, sa bouche entr'ouverte devint sale d'une écume de bave....

Ce n'est plus un homme! Que se passe-t-il? Je sens qu'il me fait peur d'être si blême et si laid. On en pâlirait, à mon tour, d'une horrible pitié. Il souffre donc bien? Oui, oui, il souffre... Décidément je n'ai plus besoin d'une once de sa vie. Je ne veux plus le punir. Après tout, je suis seul coupable des torts de l'offense. Après tout, quels sont les témoins qui régulariseraient cet acte de meurtre? J'y réfléchis à présent.

Mon Dieu! il est temps... Comme un taureau imprudent qui se rue sur le mouchoir rouge du Torréador, ce vieux militaire s'oublie à la colère, en flairant la seule blessure que j'aie impunément. Il risque toutes les chances de péril, afin de viser plus droit à la mort qu'il me prépare. Il s'échauffe, il s'enivre...

Recule, malheureux!

Il est au bout de la pointe de mon

épée... Ah ! je l'ai sauvé malgré lui... La sienne est brisée d'un coup vigoureux, que je prévoyais pour en faire voler l'acier en éclats... Il ne lui reste plus en main qu'un tronçon de poignée. — J'ai brisé instinctivement la mienne dans un tronc d'arbre... Ainsi tout sera fini !...

Il pleurait, il sanglottait. La fureur des vieillards est pénible à subir, quand elle n'est pas ridicule ; et cet homme suait le martyre de sa honte et de son désespoir. Il se croisa solennellement les bras sur sa poitrine étreinte, quand ma droite s'offrit au devant de la sienne :

— Je partirai demain, loin de Paris, monsieur le Comte. C'est un exil volontaire.

— Exilez-vous, monsieur, volontairement.

— Daignez, monsieur le Comte...

— Si vous croyez être généreux, monsieur, sachez que ma vie est plutôt à vous que ma reconnaissance. Je n'ai pas besoin de ma vie, monsieur; et je ne vois pas pourquoi cette générosité superbe, qui vous vient ou si tôt, ou si tard, envers moi. Je ne vous devrai jamais que le malheur d'exister plus long-tems malheureux à cause de vous, monsieur, qui pouviez insulter tranquillement ma vieillesse et ses colères insuffisantes. Ce qu'il y a entre vous et moi, c'est seulement de la haine. J'ai beaucoup de haine pour vous. Je vous hais. Ma vieillesse méprisable et méprisée vous hait. Ma vengeance trahie vous hait. Mon impuissance vous hait. Mon bras vous hait. Mon cœur vous hait. Oui, j'ai beaucoup de haine pour vous. Oui, je vous hais. Oui, la vie entière qui me reste vous haïra...

Et il courut vers l'épouse adultère; et se plaçant au milieu de nous, il s'inspira des regrets que nous éprouvions; et il se tourna vers moi et vers elle, en brandissant cette poignée de fer qui semble collée à ses doigts ; et la Comtesse se traîne à ses genoux ;.. et il s'écrie :

— J'allais vous maudire : soyez bien plus heureux que moi !...

XXXIII.

Je n'entendis plus retentir aucune parole. Il était silence autour de nous.

Je revins de cette léthargie de remords où j'étais tombé. Ma prunelle interrogea l'espace qu'elle pouvait mesurer sous des paupières baissées. Peu-à-peu je me décidai à affronter même un des éclairs de l'œil du vieillard. Rien ne fit reculer ma vue. La Comtesse seule, encore abattue à terre par tant de secousses, se retrouva devant mes pieds... L'autre personne était absente...

Cependant des foules de passans s'assemblaient, vers le bout de l'allée du boulevard, où nous nous étions arrêtés par hasard, dans cette triste circonstance. Quelque joie inaccoutumée animait la course des groupes qui nous coudoyaient. Quant à moi, je ne comprenais pas ces airs de fête qui traversaient tout-à-coup une route solitaire. Je me croyais insulté par le bonheur de la canaille qui chantait si près du duel, où j'ai survécu, ô mon Dieu !

Madame de Liadières, de son côté, ne devinant rien à ces accidens extérieurs, et partageant les embarras tacites que nous imposaient de trop récens souvenirs, précipita les pas que nous faisions ensemble, pour fuir avec la multitude qui semblait nous entraîner par une espèce de fatalité. Mais je commençais à m'apercevoir que ma blessure laissait échapper assez de sang pour m'affaiblir. Je succombais à peu près à cette marche forcée. J'enviais l'instant du repos.

La Comtesse pressentit mes désirs et souffrit de ma douleur. Elle avait compassion de mes efforts de courage. Et cependant décoloré, pâle, la lèvre bleue, la sueur au front, je fléchissais sur mes genoux engourdis, lorsqu'en me pressant sur son sein :

— Le ciel m'écoutait! soupira-t-elle : voilà un café, oh! je vais donc vous sauver...

Déjà les murmures de la place bourdonnaient étrangement à mon oreille, avant que je perdisse connaissance.

XXIV.

—Je vous remercie, madame la Comtesse, de tous les bons soins que vous m'avez prodigués. Je serais devenu bien malade peut-être, sans la reconnaissance que je vous dois.

—Ah! monsieur, me pardonnez-vous?

—Si je vous pardonne? est-ce à vous de parler ainsi? vous avez donc tout oublié, dans cette soirée d'hier, hélas! même dans cette matinée d'aujourd'hui, tout ce qui n'est pas les sentimens que je vous ai jurés. Oui, d'autres paroles, oui, d'autres apparences étaient menteuses. Que vous avez bien fait de voir que je valais mieux!.. Laissez-moi, laissez-moi baiser votre main.

Elle apposa gracieusement ses doigts sur ma bouche, et me fit signe de me taire.

—Charles, vous n'étiez qu'un étourdi... Je suis aise de votre amitié, monsieur, jusqu'au fond de mon cœur... Mais je vous défends de m'aveugler sur ma position. N'est-ce pas qu'elle est affreuse?... Si vous la deviniez! Il ne m'a point abandonnée, voyez-vous, sans une méchante intention, croyez-le; et je suis sûre qu'il est parti dans ses terres, afin de causer plus d'éclat, à Paris, où tous les salons s'informeront des détails de cette aventure, dont vous me verrez vous-même la première victime!.... Combien vos épouses, messieurs, demeurent à plaindre!... Ah! le maudit départ précipité! Rien de plus facile. Nous sommes dès long-temps séparés de biens, à cause d'un ancien moment d'humeur qu'il eut déjà autrefois.. Pourquoi ne rétablit-on pas la loi du divorce en faveur des malheureuses femmes? monsieur..... Car enfin, je vous le repète, c'est un mari incapable de se présenter nulle part désormais, et il aura préféré fuir le scandale. On n'a jamais eu autant de caprices. Je le connais d'un honneur trop farouche pour braver ici les affronts des médisances publiques, selon l'usage; et il ne tiendra nullement compte des nombreux désagrémens que cette bizarrerie de conduite pourrait m'attirer... Ma foi ! je n'ai jamais pu supporter cet homme-là pour son égoïsme !...

Vraiment il n'en fallait pas davantage pour me jeter dans le plus grand étonnement. Un dégoût amer succéda vite aux illusions que je voulais conserver mal-à-propos. Je la repoussai d'un geste machinal, sans même essayer de confondre une perversité si déhontée. Elle s'occupait peu de mes réflexions, et regardait, par les vitres de la fenêtre, le mouvement qui avait lieu en-dehors, sur la place de la barrière Saint-Jacques.

Au milieu du vague indéfinissable de pensées philosophiques où je flottais, à creuser plus loin que le cœur de cette femme, et à sonder la nature intime du sexe entier, madame de Liadières se rapprocha, comme avec frayeur, et se suspendait à mon cou, le visage tourné vers la rue.

Soudain la maîtresse du café entra dans la chambre où nous étions retirés.

—Voici, monsieur, me fit-elle, vos paquets de poudre soporifique.

—Que voulez-vous dire? madame.

—Le pharmacien du coin, qui est venu bander votre blessure avec des compresses de sa liqueur jaune, a bien recommandé de vous faire prendre un seul de ces paquets, chaque soir, dans un verre d'eau sucrée, afin de vous faciliter un sommeil nécessaire.

— Merci, madame, je me souviens de tout maintenant.

— Ah! mon cher monsieur, surtout ne mettez qu'un seul de ces paquets dans le verre d'eau, et ne vous trompez pas à prendre cette poudre blanche pour du sucre pulvérisé; car le commis apothicaire, qui est très-savant et très-bien fait, prétend que ces six doses réunies suffiraient pour tuer un pauvre diable. Entre nous, mon jeune monsieur, il y a du poison de la morphine, là-dedans; et vous vous rappelez le médecin Castaing, qui a été guillottiné, quand la guillottine était encore sur la place de Grève...

La comtesse frissonna.
L'autre bavarde continuait :

— Ah! dame! nous ne faisions pas alors d'aussi bonnes affaires de commerce, dans ce quartier-ci. Aujourd'hui, par exemple, c'est charmant d'avoir loué nos croisées seulement, à prix double. Je me moque bien, dans mon comptoir, des gueux qu'on force de mourir. Le bourreau gagne sa vie, et moi, la mienne : voilà tout ; et je suis veuve, avec quatre enfans bien gentils, dont le père buvait matin et soir, même pendant le choléra-morbus... Il en a péri....

J'interrompis ses histoires de famille :

— Aujourd'hui ?...

— Oui, tout-à-l'heure. Vous n'attendrez pas très-long-temps maintenant, mon brave monsieur.

Madame de Liadières vint me parler à l'oreille :

— Il faut nous retirer vite,..... n'est-ce pas ? Charles, évitons ce détestable spectacle.
— J'allais deviner votre proposition. Oui, madame, sortons...

Notre hôtesse nous faisait observer qu'il n'y avait nullement moyen de faire avancer une voiture, quand même il s'en rencontrerait une, lorsque tout-à-coup des applaudissemens de mains éclatèrent d'en-bas. Elle se précipita vers la place avec un air singulier de douleur. Elle se repentait sans doute du temps qu'elle sacrifiait auprès de nous; mais elle s'arrêta.

— Dieu merci! s'écria-t-elle, ce n'est qu'une botte de paille qu'on coupe, afin de s'assurer si la lame de la machine est bonne à décoller la tête de l'autre. Diable! on ne le voit pas encore, même au loin. Ce monstre-là prend ses aises, comme si la fête n'était pas déjà en retard. Au fait, il a demandé sa grâce au roi, à ce que prétendent quelques-uns; et les mauvais journaux qui crient toujours, par esprit d'opposition, auront peut-être obtenu ça pour lui, le lâche! Hélas! hélas! quelle pitié que les gouvernemens deviennent si mous! Pourquoi voulez-vous que le pauvre peuple soit content? Comment pourrai-je me remarier si je ne vends point l'eau-de-vie et le vin que j'ai achetés hier, à crédit? Oui, je crains que la journée se passe à ne contempler que le soleil et les fleurs d'arbres voisins; et avec toutes ces bêtises-là, je serai ruinée, ce soir, en couchant ma petite dernière, dans son berceau. A quoi sert d'être une excellente mère? On ne guillottinera personne devant l'enseigne de ma maison......

— Procurez-nous le plaisir de vous taire, lui dis-je. Voulez-vous enfin partir? Comtesse!

— N'est-ce pas impossible? reprit celle-ci. Je ne dois pas immoler votre santé à mes répugnances. Restons, jusqu'à ce qu'il vous soit permis de fendre cette presse, sans exposer votre blessure à se rouvrir par trop d'efforts. Rien n'aura lieu, je l'espère. D'ailleurs il me paraîtrait ridicule de s'effrayer de si peu de chose. La philosophie finit par s'accoutumer à tout. Nous ne désirons pas, nous autres gens bien nés, le sang d'un homme : mais enfin la législation sociale commande de telles nécessités; et je serais presque curieuse d'étudier, par hasard, pour la première fois, *le sujet de la peine de mort* autre part que dans des métaphores de rhéteur ou des décorations de théâtre. Y consentez-vous?

— Pourtant votre père, madame la comtesse, est tombé sur l'échafaud; et 93 fait horreur à vos souvenirs et à vos nerfs!

— Quelle différence! fi donc! A cette époque, on déclarait la guerre aux rois, aux grands, aux nobles, aux classes distinguées. Et qui faisait cela? De simples roturiers, quelquefois éloquens pour des tribuns, et glorieux de la vertu, qui est un devoir pour des hommes de cette espèce. Et pour qui cela? En faveur du peuple, s'il vous plaît. On ne peut pas se dissimuler que l'état se trouvait gouverné par des vilains, qui sans cesse ont empêché de réussir nos conspirations intérieures ainsi que les armées de nos alliés. Me supposez-vous donc capable de comprendre une société bouleversée ainsi de fond en comble, et d'admirer des héros, la plupart de la lie, et tous déguenillés, et tous presque nus, et tous enfin n'ayant jamais mangé de leur vie leur suffisance de pain? Voilà néanmoins le beau parti de *sans-culottes*, auquel on doit le martyre des dignes royalistes, qui, sans eux, auraient triomphé, plus tard, par les dissentions civiles...

— Madame, j'aurai l'honneur de répondre franchement par une seule phrase, à des invectives que je n'ose qualifier. Selon moi, madame la comtesse de Liadières, votre Louis XVI méritait cent millions de fois la mort, et je vais jusqu'à m'établir un cas de conscience de ce régicide, par la pensée, sinon par l'action, tant d'années après son exécution même.

— Ciel! que vous exprimez des choses qui dégoûtent de votre sensibilité! monsieur!

— Point de comédies ici, madame. Je vous le répéte crûment, ma conviction est qu'il valait mieux avoir affaire à un roi, qu'on peut estimer et plaindre à certains égards, afin d'en finir de suite avec la question politique qui regarde les parjures, et les traîtres envers la patrie....

La maîtresse du café nous causa une interruption soudaine, par des démonstrations de joie immodérée.

— Vive la garde municipale ! Vive le roi Louis-Philippe ! Vive le condamné !........ Voilà du monde qui entre, qui est entré ici !...

Dans l'effusion de son allégresse, elle arracha de sa mamelle l'innocente créature qu'elle allaitait, et imprima des traces de vin rouge comme du sang, sur ses traits enfantins. Cette mère souffletait sa fille, parce qu'elle criait en cherchant le sein nourricier !

XXXV.

O supplice ! notre lieu de retraite fut envahi par l'arrivée imprévue de deux couples de notre connaissance. C'étaient M. Ernest Vaslin et mademoiselle Demassy : c'étaient, derrière eux, madame Demassy et un de ces parasites qui sortent de terre pour jouer les rôles de *doublures* dans certaines occasions.

Je crois que de part et d'autre la surprise était égale. Car les femmes commencèrent par s'embrasser, comme elles font toujours, quand il y a quelque fausseté qui glisse sous leurs griffes de velours; et j'y remarquai même un peu plus de sensiblerie que de coutume. On se récriait sur les avantages d'une rencontre si singulière : on faisait déborder ses phrases en cérémonies de félicitations réciproques.

Pendant ce temps-là, Ernest m'eût amicalement serré les doigts, si je n'avais laissé tomber ma canne et mon chapeau, devant ses pieds, en renfonçant ensuite mes mains dans les basques de mon habit, et lui tournant le dos. Cependant le bonheur qu'il semblait goûter intérieurement ne fit pas même attention à cette impolitesse préméditée. Il se rapprocha de Nanine, et se mit à lui dire :

— Que votre bouquet de violettes est agréable à respirer !

Et elle ne refusa point, la petite coquette ! que ce fat le respirât, un moment. Puis, ce furent, entre eux, des sourires et des malices de conversation qui jaillissaient de je ne sais quelle familiarité inexplicable. Nanine sautillait. Ses joues étaient roses ainsi que les plus belles roses. Ses yeux étaient d'un feu luisant. Sa gorge de vierge s'impatientait sous la gaze, comme un oiseau emprisonné qui bat des ailes...

J'éventrais Ernest de mes regards jaloux.

Elle guettait ma pensée. Elle me comprit, elle accourut à moi, vers l'embrasure de la fenêtre, où je me trouvais tapi.

— Et vous, monsieur, comment admirez-vous mes violettes?

— Voulez-vous me permettre? mademoiselle.....

— Regardez, respirez, à votre aise.

— Où avez-vous cueilli ces fleurs? mademoiselle.

— Monsieur Vaslin, votre ami, les a achetées, je pense.

— Vraiment, elles sont magnifiques de fraîcheur et de parfums!

— N'est-ce pas?... Voulez-vous me les rendre?... Qu'en avez-vous fait, depuis deux minutes?...

— Je suis bien coupable. Le bouquet est tombé involontairement, sans doute, dans la rue. Vous ne me pardonnerez jamais le désespoir que je vous cause?

Elle fit semblant de bouder et murmura tout-bas :

— Au contraire, car je vois que vous m'aimez encore. Charles, je vous aime, je vous aime aussi. Mais ne me rendez plus malheureuse, à force de m'oublier...

Hélas! je voulais lui répondre. Mais déjà la comtesse s'attachait à percer le mystère de cette causerie à voix basse. Je devais prévenir ses soupçons. Je la rassurai probablement en revenant près d'elle. En cet instant, elle terminait les explications qu'elle avait données à notre sujet, et madame Demassy voulut bien, à son tour, prendre la peine de nous apprendre ce que je désirais savoir, sans le demander :

— C'est aujourd'hui l'anniversaire du plus beau jour de ma vie, de la naissance de ma fille...

Nanine, en se jetant dans ses bras, heurta discrètement mon coude, et semblait m'avertir de l'intention qu'elle mettait à l'espèce de serment qu'elle fit :

— Je jure, dès ce jour, de n'aimer que toi pour le reste de ma vie !...

Et sa tête se balançait caressante sous le menton de sa bonne vieille mère, en provoquant des baisers dont son cœur était complice avec le mien, et dont elle ne pouvait rassasier ses lèvres égarées.

Madame Demassy reprit :

— Vous êtes une enfant caline, vous êtes une grande vilaine, mademoiselle ma fille. Allons, allons ! assez de folies, flatteuse et doucereuse que vous êtes ! Tu aimes trop ta maman, belle ange ! Je veux ton bonheur ; je te marierai : il faudra bien que tu aimes ton mari. Promets-moi d'avance que tu finiras, un jour, par aimer quelqu'un après moi.

Elle se releva. Ernest lui offrit un siége pour s'asseoir. Madame Demassy le remercia de cette complaisance, par une œillade intelligente, qui ne put m'échapper...

— Ma chère Comtesse, continua-t-elle : je vous disais que c'étaient aujourd'hui l'anniversaire d'une fête de famille, et ce matin, je voulus procurer à ma fille et à moi la distraction d'une promenade délicieuse. Ces messieurs nous accompagnèrent au Bois, où nous déjeunâmes avec plus d'appétit qu'à la ville. Mais nous étions inquiets de compléter dignement la journée, avant notre bal de ce soir (où vous ne manquerez pas de venir, mon amie, et vous aussi, monsieur Charles...), lorsqu'il nous descendit du ciel une charmante inspiration, au souvenir de ce qui va se passer tout-à-l'heure ici. D'abord nous jouâmes de malheur : ne menions-nous pas nos chevaux vers la place de Grève? Heureusement, M. Vaslin eut l'esprit de rebrousser chemin; et nous voilà avant le supplice. Que Dieu soit béni!

— Vous avez raison de bénir Dieu, madame, car j'espère que l'exécution n'aura pas lieu.

— Vous badinez. J'ai vu le condamné. Nous l'avons devancé, parce qu'il a prié de faire halte pour se confesser de nouveau, et il a fait exprès de perdre connaissance. Mais enfin la justice humaine aura son tour. Savez-vous de quoi il s'était rendu coupable ? Eh bien ! c'était un boucher. Pour un rien, pour un simple vertige de jalousie, il a enfoncé son couteau dans la poitrine d'un amant qu'il avait surpris, la veille, avec la bouchère sa femme. Plaignez le maintenant. Ne fallait-il donc pas qu'il le dévorât aussi, comme un antropophage ? Cette conduite me fait horreur. Je serai contente de voir l'exemple qu'on donne à cette canaille des faubourgs. S'il était vrai que le jeune homme en question l'avait déshonoré, il devait lui proposer un duel. On ne s'arrange autrement que dans les basses classes, et au fait, je ne conçois guère comment, il y a déshonneur, à ce sujet, autre part que chez la haute société, et même encore quelquefois chez les bourgeois, depuis l'ancienne révolution. Mais un boucher perd peu de chose, il me semble, à perdre l'honneur d'un boucher ! et fi donc ! il lui siérait mieux de se tenir coi, au service de ses pratiques, s'il en a.

— Je vous assure, madame, qu'un duel ne venge pas toujours le mari offensé, et....

— Taisez-vous, monsieur Charles : Vous parlez en auteur, en moraliste....

— Je ne suis pas le seul à penser ainsi, et j'en appelle au jugement de madame de Liadières.

— Mais, monsieur, je trouve surprenant que...

— Oui, oui, laissons cela.... Traitons d'autres sujets. Jasons de littérature, par exemple. Ah! monsieur Charles, si vous nous récitiez quelques vers?

Nanine ajouta ces mots aux dernières paroles de sa mère :

— Je vous en conjure, monsieur, daignez nous réciter de vos jolis vers.

Elle se prit à tousser....

— Vous perdrez peut-être, mesdames, si vous m'écoutez, l'occasion du spectacle de votre choix, que vous veniez chercher ici.

— Eh! non! non! M. Jolmay se placera à la fenêtre et nous avertira..... Voyons! Une petite complaisance pour nous amuser, en attendant.

Nanine me pria une seconde fois. Je me décidai à lui obéir.

— Que désirez-vous? mesdames. Quelque poésie sombre, une tirade de drame, une scène infernale?

— Non, non. Du gentil! Du gracieux! De l'aérien!...

— Il fait si beau temps! soupira la Comtesse!

— Je commence, mesdames, pour vous plaire. Je me souviens d'une ballade analogue à la circonstance où nous sommes. Le titre est :

LE MESSAGE.

C'est, afin de ne pas vous effrayer, comme je l'essayais tout-à-l'heure, la crême de mon romantisme, la meringue de mes œuvres fugitives :

>Sylphe léger, le ciel est pur.
>Prends ta baguette de topaze,
>Revêts ton écharpe d'azur :
>Vole, sur tes ailes de gaze,
>Aux lieux où j'ai reçu le jour,
>Rives célèbres, où la Loire
>Murmure aux échos d'alentour
>Quelques vieux souvenirs de gloire ;
>Mais où le jeune troubadour,
>Près de la beauté, qu'il adore,
>Comme autrefois, sur sa mandore,
>Plus ne soupire un lai d'amour !...

— Charmant ! Charmant !

— Quelle imagination!

— Ils ne viennent pas? dis-je à Jolmay.

— Qui donc?

— L'homme qui va mourir et le bourreau?

— Non.

— Continuez, de grâce....

— Je suis à vos ordres, mesdames.....

Des méchans lutins au front chauve,
Des aquilons que Dieu te sauve,
Sylphe chéri, dans ce trajet!
Tu reverras le tendre objet
Auquel je veux vouer mon âme,
Et tu viendras à son chevet,
Asseoir, près de ma gente dame,
Tes gentils membres de duvet.

Alors à ses cheveux d'ébène
S'enlaceront tes petits doigts;
Et tu reconnaîtras sa voix
Aux doux soupirs de son haleine.

Surtout prends soin que le sommeil
Berce son âme d'heureux songes :
Laisse aussi d'innocens mensonges
Survivre encore à son réveil :
Que ton vol caressant l'effleure
Des plis de ta robe d'émail,
Et qu'un doux son de ta voix meure
Entre ses lèvres de corail !

Sur ses paupières demi-closes
Glisse, comme un rayon des cieux :
Sème en parfums délicieux
L'encens de ton collier de roses.
Qu'à leur premier regard, ses yeux
Puissent, sous des métamorphoses,
Revoir ce qu'elle aime le mieux ;
Et qu'un soupir mélodieux
Redise, une fois, si tu l'oses,
Le dernier mot de nos adieux !

O mon sylphe, d'une âme tendre
Tu lui retraceras l'ardeur :

Tu lui feras croire au bonheur
Qu'elle refuse de comprendre.
Ne lui peins jamais, sans transports,
Tout le pouvoir de son sourire ;
Et si tu disais mon délire,
Marie à tes chants les accords
De sa guitare et de ma lyre.

Contre la rigueur des hivers,
Contre le souffle des pervers,
Défends-la toujours de ton aile.
Répète-lui, ce soir, les vers
Que j'ai rêvés, hier, pour elle.
Dis ce que me laisse entrevoir
Un rayon naissant d'espérance;
Dis les aveux que son silence
Déjà m'habitue à savoir :
Autour de sa taille divine,
Demande si tremble ma main ;
Pourquoi toujours mon cœur devine
Aujourd'hui, ses vœux de demain !...
La nuit des cieux cache la voute :

Messager plus heureux que moi,
Adieu ! pars enfin ; mais écoute :
Si tu veux plaindre mon émoi,
Si mon amour se fie à toi,
Si l'heure presse... Sur la route,
Garde-toi bien de t'amuser ;
Car tant de périls je redoute,
Puisque de rosée une goutte,
Las ! suffirait pour t'écraser.

Aux pâles clartés de son âtre,
Verras-tu bien si le plaisir
Soulève sa gorge d'albâtre
Aux rêves d'un demi-désir ?
Comme le doigt d'un enfant joue
Avec l'aile d'un papillon,
Cueilleras-tu le vermillon
Qui colore sa blanche joue !
Oui, je veux te récompenser :
A ton retour, viens me glisser
La première de ses caresses,
Et la plus belle de ses tresses,
Et les parfums de son baiser !

— Oh !

— Ah !

— J'en suis émue.

— Vous êtes trop sensible, madame la comtesse.

— Je n'ai jamais rien entendu d'aussi pur, d'aussi suave, d'aussi mélodieux.

—C'est la harpe des séraphins que votre poésie, monsieur.

— Vous le croyez? madame....

J'allai près de M. Jolmay qui s'était presque endormi. Il s'éveilla quand je criai à ses oreilles :

— La voiture roule au pied de l'échafaud.

— Enfin ! enfin !

On se précipita vers cela.

XXXVI.

Nanine suivait sa mère. Ernest suivait Nanine. Je l'arrêtai violemment par le bras :

— J'ai besoin d'une explication, à mon tour.
— Plus tard.
— Non, de suite. Assieds-toi devant cette table.
— Que prétends-tu me dire?
— Aimes-tu cette enfant?
— Je ne sais pas.
— Vas-tu l'épouser?
— Tu ne le sauras pas.

Il se lève et me quitte....
Je suis hors de moi. La colère m'emplit le cœur. Je doute si je dois retenir l'impa-

tience que j'ai de me venger. Après tout, je le méprise tellement que je retombe dans une rêverie fatale. Tout-à-coup je frémis. L'éclair d'une pensée a traversé mon imagination ; et déjà un crime se dresse debout entre lui et moi. Ce crime prend une forme peu à peu. Je le vois. Il m'aiguillonne. Il ouvre, l'un après l'autre, les six paquets de morphine. Il secoue cette poudre blanche dans un verre d'eau sucrée. Il prépare un second verre à côté. Il s'empare d'Ernest. Il l'entraîne. Il le ramène sous mes yeux. Il m'ouvre ainsi la bouche.

—Vas-tu l'épouser ?
—Eh bien ! oui.

Cet ami d'autrefois portait le verre à ses lèvres.

—Tu l'aimes donc ?
—Non.

J'empechai sa main d'arriver.

— Je veux aussi connaître tes relations avec la Comtesse.

— Jamais...

Sa main devint libre.

— Parle, ou tu mourras.

— Tu l'aimes donc beaucoup? s'écria-t-il douloureusement... Ah! mon ami, mon pauvre Charles, que tu es pâle! Que tu es souffrant! Mais elle ne mérite point tant d'amour, je te le jure... Oh! c'est une infâme coquette, si elle te trompe!...

J'étudiais les gestes d'Ernest. Ses dents s'approchaient machinalement du poison. Il allait boire...

En ce moment, la tête de l'autre homicide tombait sous le couteau. Le bruit de la hache avait retenti sur le billot...

Plus de silence! Un cri affreux! Le râle

du désespoir !... Je me jetai à la renverse...
On s'avança autour de moi, avec étonnement, avec frayeur... On eut pitié de ma sensibilité... Ernest me réchauffait les tempes avec des soins empressés... Ce fut lui que je revis le premier ! Alors j'éprouvai une réaction extraordinaire dans tout mon être. Je me rendis maître de ce désordre imprudent de mes idées ; je me contentai de dire :

— Ce n'est rien. Un verre d'eau suffira pour me remettre les sens...

Et je bus à longs traits la liqueur empoisonnée, moi qui avais commis par le désir, par la volonté, un assassinat digne de l'échafaud. Et quand j'eus épuisé le verre, je le brisai à terre, en mille éclats, pensant qu'il en était ainsi de ma vie.

XXXVII.

J'assisterai mourant à un bal.

Je veux parodier, par ma mort, au milieu de leur bal, les plaisirs de cette société qui n'était point faite pour moi. Car le génie intérieur de mon existence n'était pas un tempérament d'inconséquences et de négations, entre le mal ou le bien, l'impuissance ou la vertu. J'avais deux mains pour choisir mes passions, tantôt à droite, tantôt à gauche; mais une seule tête pour gouverner l'exécution toujours docile. Je représentais l'unité absolue d'une volonté libre. Je possédais une valeur directe.... Je n'étais pas quelque chose qui s'écrase, qui se fond, qui se liquéfie : J'étais un homme en chair et en âme.

Or, puisque la lutte m'a épuisé avant le terme, ma place de mort est ici, aux splen-

deurs factices de la lumière des bougies ;
parmi les femmes et les fleurs artificielles ;
parmi les égoïstes, les repus, les contens,
les orgueilleux, les indifférens, les dédaigneux, les jaloux, les ingrats ; parmi les
privilégiés, les aristocrates, les nullités,
les accapareurs de places, les brévetés, les
pensionnés, les distributeurs de médailles et
de couronnes, les anges conservateurs des
bonnes doctrines, les rois fainéans de la
science et de l'art, les restaurateurs d'autels, les timoniers de l'état ; en présence
des laquais, leurs esclaves ; devant ceux qui
volent au jeu de cartes, et ceux qui ne se
fatiguent pas de la walse adultère !... Oui,
certes! il m'importe de leur cracher au front
une comédie, dont ils saisiront enfin le but.
C'était peut-être simplement ma destinée
ici-bas, de faire contraste au présent, en
faveur de l'avenir. J'ai envie de ne plus
être athée. Après tout, je ne le suis pas !...

14.

Je ne devine pas comment ce qui est, a commencé. Le système de la création est une découverte à part.

Pour ne ressembler ni à ces théoriciens qui cherchent toujours chaque chose, à leurs pieds; ni aux antiquaires qui exploitent les hiéroglyphes d'une médaille usée, je ne sors pas, moi, de mon propre cœur, afin de comprendre le reste des autres existences. Je raisonne ainsi, en faveur de mon instinct moral, que je jouis intrinsèquement d'une valeur quelconque de proportion géométrique, en regard de tous les phénomènes visibles ou invisibles, communs ou individuels. Et voilà ce que je comprends dans moi :

Je vis; je crois en ma vie. Se voir vivre, c'est se voir mourir; je sais aussi une seconde croyance, celle de la mort.

Je meurs après des hommes qui meurent; je meurs, pendant que des hommes naissent : il y a donc de la vie, avant moi, après moi. Cette vie est celle de l'humanité.

L'humanité, qui naît et meurt dans chaque homme, n'a point de soi la vie précaire qu'elle a. Conséquemment, l'humanité n'est-elle pas l'organe d'une grande vie, l'univers?

L'univers vit doublement de sa vie de tous les jours qui se renouvelle par des métamorphoses successives, et en même temps d'une vie qui n'a point d'âge : voici l'Analyse et la Synthèse.

Ce qu'on appelle synthèse, ce qu'on appelle analyse, expressions plus ou moins malléables, formules imparfaites de problèmes anonymes, n'existe jamais exclusivement ni synthèse ni analyse, la vie ne s'infiltrant en tout, de plus près, de plus loin, que par les progressions inégales d'une médiation décroissante.

La synthèse seule est vraie, la synthèse

de vie par excellence, c'est Jéhova, dont il faut concevoir la signification.

J'ai Dieu!...

Ceci est mon Dieu. Je nie tout sans la coexistence de la matière et du principe principifiant.

Car, en dilemme, ou la matière a toujours été, ou non; et si elle n'a pas toujours été, ce qui est rigoureusement immatériel ne peut produire ce qui est matériel.

Donc, quel qu'il soit de nom, mon Dieu, pouvoir vital, plus ou moins latent comme le calorique, est l'harmonie universelle, providence créatrice, qui produit toutes les existences, selon la loi générale de leurs rapports particuliers.

Et il m'a semblé plus d'une fois, que l'harmonie générale et particulière, au milieu du monde ou de l'homme, dépendait toujours de l'hymen heureux de certaines affinités électives; et que chaque être portait nécessairement, en soi, deux sexes, l'un d'impulsion, le sexe mâle ; l'autre de gestation, le sexe femelle..., dans l'ensemble ou dans les détails d'une création hermaphrodite. Le soleil et la lune, les montagnes et les vallées, les acides et les alcalis sont des sexes bien distincts. Je ne crois pas aux corps simples. Le creuset des chimistes ne prouve rien. Je suis sûr que les métaux nous arrivent à l'état neutre, ainsi que les sels, par des combinaisons mystérieuses ; et si les Lavoisier modernes veulent se mettre à l'œuvre, je déclare d'avance que cela est impossible autrement...

Or, dans l'espèce homme, nous rencontrons, à leur tour, ces deux sexes, l'Esprit et la Matière ; et il est inutile de se quereller désormais pour l'existence de l'âme, entre rhéteurs et anatomistes.

Cette vie d'intus-susception qui rayonne, en nous, du centre à la circonférence, et résume, au même point, toutes les lignes diagonales qui se croisent de la circonférence à ce centre, c'est l'Esprit.

L'esprit n'est nulle part, sans la matière. On ne parle pas une pensée, sans un mot.

L'esprit, sexe mâle et d'impulsion, réagit synthétiquement sur la matière.

La Matière étant sujette à des conditions plus ou moins puissantes d'analyse, il ne faut jamais qu'une synthèse de vie trop active épuise les ressorts d'une organisation incomplète, par les rapports mal-assortis d'une âme énergique dans un corps chatouilleux aux impressions des moindres causes.

Et cela n'est pas vrai accidentellement, pour l'individu, mais encore pour la société, d'après les lois absolues de la logique.

Nous voilà donc revenus à nos deux existences corrélatives, mon siècle et moi!

Eh bien! moi, homme de la pensée, moi, songe-creux, je suis, pour ainsi dire, l'Ame de mon siècle...

Car le mal-aise de notre société actuelle vient de plus loin qu'on pense. Il ne se passe rien de nouveau, en face du soleil, pour l'amusement de cette génération-ci, où le drame court les rues, dit-on. On a dit cela de toute éternité.

La guerre entre les peuples et les rois est un mot que nous francisons, à l'usage du temps qu'il fait aujourd'hui.... Les noms changeront souvent, mais la fatalité des choses ne changera jamais.

XXXVIII.

Avant de me rendre à la soirée de madame Demassy, j'entrai par hasard, quelques minutes, dans l'église de Notre-Dame.

A cette heure du jour, où les ombres des piliers de la nef se dessinent, aux derniers adieux du soleil, à travers les couleurs joyeuses des vitraux, aucun chant, aucun bruit ne trouble celui qui vient y chercher, dans le recueillement du silence, les inspirations religieuses de la solitude et peut-être les saintes extases de la prière.

Eh! qui n'a besoin de prier, pour oublier ce qui importune son âme, remords, doutes ou vérités, comme de reposer, dans le sommeil, après les labeurs de la journée?.. Quelle est la vie d'homme où l'on se contente de ce monde des hommes? Quelle imagination, voyageuse aérienne, n'a jamais battu des ailes vers une autre patrie? Quelle voix voudrait toujours mourir, avec le son de sa parole qui meurt si vite? Quelle conscience plaide intérieurement sa cause pour elle seule? Quels genoux ne savent plier d'eux-mêmes? D'où vient que toutes les lèvres crient d'instinct : O mon Dieu!...

Et cependant, je ne prie pas! Moi, je ne prierai pas, avant de sortir de ce temple!

Ah ! si je suis jeune, qu'on me plaigne ; et et je suis bien jeune, hélas !

Hélas ! il me semble que le poison me brûle déjà.

XXXIX.

Le bal va commencer.

Mademoiselle Demassy est encore plus gracieuse que d'ordinaire. Je lui présente des saluts empressés, qu'elle accueille avec faveur. Je l'invite à danser : elle accepte.

— Je ne mets qu'une condition à vous accorder cette première contredanse, dit-elle.

— Et laquelle ? mademoiselle.

Elle me tendit un Album.

— Daignez, de grâce, écrire ici les vers

ravissans que vous avez bien voulu nous réciter.

— Ils vous plaisent un peu? mademoiselle.

— Oui, monsieur, beaucoup. Si je n'étais pas une petite fille, novice en littérature, je me serais permis de vous adresser quelques complimens bien sincères, je vous le jure; mais vous me pardonnerez d'avoir pensé que vous n'attachiez nulle importance à un suffrage tel que le mien.

— Vous blessez mon cœur, mademoiselle, en caressant une vanité d'auteur. Dois-je vous remercier, ou me plaindre?

— Si je connaissais votre sylphe, monsieur, je lui recommanderais de m'endormir à la musique de votre poésie.... Mais décidément pourrai-je lire ce que ma mère et moi avons entendu avec tant de charme?..

En même temps, elle posait son joli soulier satiné sur mon pied intelligent.

— Je vous obéirai, mademoiselle.

— Venez donc vite, monsieur... Allons! installez-vous dans ce coin...

Et elle ajouta, parce que nous commencions à être seuls :

— J'avais quelque chose à te dire. Ecoute-moi... Ciel! voici ta maudite comtesse!... Je veux savoir si tu aimes cette femme-là?

— Non.

— Tu l'as aimée?

— Non.

— Je te défends de lui parler de la soirée, de danser avec elle, de la regarder. Elle est si coquette! Elle a trente-cinq ans. Elle est laide. Au fait, je la hais...

— Chut!...

Madame de Liadières cherchait en effet à interrompre notre conversation.

— Qu'écrivez-vous donc là? monsieur Charles.

— Je mets une date à quelques vers, madame.

— L'occupation est fort innocente, monsieur.... Mais lorsqu'on se prépare à danser?...

— J'ai terminé, madame. Il me reste seulement à noter que cette pièce a été lue, sur la place de la guillottine, pendant une exécution, aujourd'hui, et devant vous, madame la comtesse.

— Me reprochez-vous d'avoir cédé, monsieur, à la nécessité d'épargner votre blessure?

— Ah! vous avez raison de me rappeler cela. Eh bien! cette blessure, j'en déchire l'appareil, et je signe ici, mon nom, pour la dernière fois, avec le sang qui coule en l'honneur de votre vertu, madame la comtesse.....

Je le fis....

— Quel homme vous êtes! monsieur! Vous m'accusez, et je m'avançais au-devant d'une bonne action que je venais vous proposer! Voulez-vous m'offrir votre main? Je vais quêter pour la famille de ce condamné....

J'éclatai de rire :

— Volontiers, madame. Ne tardons pas davantage....

Alors je promenai cette épouse infâme, dans le salon, en criant, à ses côtés :

— C'est pour la pauvre veuve d'un mari guillotiné!...

Et la moisson d'argent fut convenable,

grâce à la toilette et aux minauderies philantropiques d'Olympe !

Mais avant de la reconduire vers son siége de velours, je lui glissai à l'oreille :

— Tantôt, avec la morphine que j'avais, je me suis empoisonné à cause de vous.

— Cela ne peut pas être vrai.

— Voulez-vous mourir ensemble, vous, madame, qui me disiez ce matin : « Tuez-moi, monsieur. » Je n'hésiterai plus maintenant.

— A quoi bon ces souvenirs ?

— Je n'ai pas le loisir d'attendre. Décidez-vous, si vous tenez encore, madame, à mon estime, fût-elle acquise à ce prix.

— Votre estime ?

— Mon affection aussi, ma chère maîtresse.

— Mais vous badinez, n'est-ce pas ?

— Non.

— Qu'en penserait-on ?

— Eh! comment reverriez-vous, en face, monsieur de Liadières?

— Oui, oui, dérobez-moi à sa vengeance, à sa colère.

— Ayez du courage.

— J'en aurai.

— Vous êtes prête?

— Tout-à-l'heure.

— Que regrettez-vous? La terre? On s'y ennuie.

— Charles, votre enthousiasme me subjugue... Je te suivrai partout. Ah! le ciel! ah! ton amour!...

— Tu ne te repens pas encore, ô femme?

— Jamais.

— Eh bien! je te violerai aussi pour un suicide....

Je l'entraînais convulsivement....

— Vous chiffonnez toute ma robe....

Elle avait disparu vers la foule.

XL.

C'est le bal ! c'est le bal !

La musique me fait tressaillir. Je ne souffre pas trop encore. Je m'éteindrai sans doute dans l'ivresse de l'opium et des plaisirs. Je ne pouvais pas mieux finir après ce crime que j'ai pensé, là-bas. Je vais expirer délicieusement.

Est-il sûr que je mourrai ? C'est une seconde épreuve à laquelle j'échapperai peut-être. Je m'étais déjà asphixié jadis, à propos d'une fantaisie dont la place est restée vide dans ma mémoire. J'ai tant maudit d'ailleurs l'humanité, depuis qu'une saignée m'a rendu la vie, ce jour-là, que je puis, sans nul regret, devancer l'effet d'une balle, qui m'attendrait tôt ou tard, dans nos guerres civiles....

Mourons, en dansant !...

— Est-il bien vrai que vous m'aimiez? mademoiselle.

— Oh! oui.

— Comment m'aimez-vous? Nanine.

— Jusqu'à la mort.

— Tu m'aimeras, jusqu'à la mort?

— Oui, oui, je le sens.

— A condition que je mourrai, ce soir, par exemple?

— Pendant l'éternité.

— L'éternité est longue.

— Charles, je ne pourrais plus exister, sans t'aimer.

— Pourtant vous allez bientôt vous marier? mademoiselle.

— Veux-tu que je refuse?

— En êtes-vous capable?

— Encore une fois, oui.

— Je n'ai pas de fortune.

— J'attendrai.

— J'ai juré, ma belle ange, de rester à jamais libre des liens du mariage. Tu serais malheureuse : mon caractère est odieux.

— Je te consolerai. Charles, vous ne serez plus injuste envers ceux qui ne vous ont pas trompé.

— Tu sais donc que l'on m'a profondément ulcéré le cœur? A ton âge, tu le sais?

— Je l'ai deviné.

— Par amour?

— Par chagrin de vous voir triste.

— Nanine, vous êtes excellente; vous êtes une créature céleste. Si je vous avais connue plus tôt, je serais digne de vous. Nanine, Nanine, que je t'aime à mon tour!

— Pour toujours?

— Hélas! jusqu'à la mort!

— Charles, tu pleures!

— Ah! oui, je pleure. Laissez-moi pleurer.

— Ne pleurez donc pas de m'aimer, ingrat que vous êtes!

—La contredanse va cesser. Nanine, approche ta tête de mes lèvres. J'ai besoin de t'embrasser. Je veux baiser ton front.

— Tu ne pleureras plus?

— Non.

— Vous m'aimerez davantage?

— Non, non! Cela est impossible.

— Silence! on nous observe.

— Eh bien! Adieu, adieu.

— Charles, vous êtes imprudent.

— Eh! ignores-tu que je suis empoisonné?

— O mon Dieu! ô mon Dieu!

— Contenez-vous, Nanine, contenez-vous. De grâce, ne me croyez pas. J'exagère toujours les choses, quand je parle.

— Charles, ô mon Charles, si tu mentais maintenant?

— O ma chère enfant, que tu es belle!

— Oh! que tu es blême, toi? Que tu m'effrayes, toi? Mais rassure moi-donc! Mais embrasse-moi, s'il le faut!

— Oui, oui, je me meurs! Mais je mourrai du moins dans tes bras!

— Du secours!... O monsieur Charles.... Du secours!... Maman, je vous dis que ce malheureux s'est empoisonné....

XLI.

Nuit! nuit! nuit! nuit! des ténèbres! des espaces! le noir! le vague! le creux! le profond! l'impalpable! le vide! l'absence même du chaos!...

Mais voilà le temps qui recommence!

L'œil voit des solitudes peuplées d'air. Il passe des nuées de vapeurs rousses. Il circule des tourbillons d'atômes. Il se fait d'incommensurables horizons.

L'oreille entend des vents qui glapissent, des échos qui vibrent.

Le soleil est venu. L'océan coule. La

terre se déplie, comme un tapis, sous la plante de mes pieds.

Je reconnais ce que j'avais su, et je touche par tous mes sens, à la fois, à la nature entière.

XLII.

Il me prit des ravissemens d'extase, quand des âmes glissèrent auprès de moi, en me jetant de douces paroles, qui m'annonçaient l'arrivée de mon Père. Je leur demandais des aîles pour m'envoler; mais elles formèrent un chœur, et chantèrent :

— O fils aimé de ton père, réjouis-toi. Réjouis-toi par ton cœur, par tes yeux, par tes lèvres. N'es-tu pas altéré des baisers de ton père, ô son fils bien aimé? Ah! ton père qui t'aime, avait soif de te revoir, ô jeune homme!... Triomphe, triomphe de la mort passagère. Renais à des délices éternelles de bonheur et d'amour. Tu seras illuminé des éclairs de son auréole d'or. Tu seras inondé des flots de ses tendresses, ô fils aimé de ton père. Que ta voix ne soit donc plus facile au blasphème! Que ta pensée redevienne une fleur dont il reconnaisse le parfum! Jette les bénédictions sur le sentier par où il s'avance. Voilà ton père, ô fils bien-aimé! Réjouis-toi! Réjouissez-vous!...

D'autres âmes, blanches ainsi que des colombes, chantaient d'un autre côté :

— O père aimé de ton fils, tressaille dans tes souvenirs et dans tes espérances. Tressaille sur le seuil de l'éternité, ô vieillard, car ton fils qui t'aime, s'empresse de revenir dans tes bras, comme un chasseur favorisé qui peut se présenter avec la proie d'un beau cerf, dès le matin de la chasse...

Hélas! que tes tristesses soient donc enfin consolées, ô père aimé de ton fils! Tu verras qu'il est jeune et noble. Il n'a pas oublié tes plus précieux commandemens. Il n'a maudit la terre que par désespoir de t'avoir perdu, ô digne père d'un fils si aimant! Il t'a pardonné de l'avoir quitté avant l'heure. Il a pleuré, non sur lui-même; mais sur toi. Il t'aimait, ô père, il t'aimait, ton fils! Efface, efface les dernières rides de ton front. Cache-lui les blessures dont tu t'es blessé courageusement, avant de périr. Il sait l'héroisme de tes douleurs; mais qu'il apprenne à présent les félicités dont tu goûtes les récompenses!.... Voilà ton fils, ô père aimé tendrement! Réjouis-toi! Réjouissez-vous!...

— O mon Père!...
— O mon Fils!

Le chœur chantait encore :

— A genoux! à genoux, Esprits du ciel!

Concerts séraphiques, recommencez! Soupirez, ô lyres harmonieuses, l'hymne divin de tant de voluptés!...

— O mon Père, il n'y a pas d'intelligence qui puisse deviner le bonheur de votre fils!

— Il y a Dieu qui sait tout, mon Fils, même le bonheur d'un père.

XLIII.

Il reprit solennellement :

— Puisque tu es poète, ô mon fils, je veux te faire comprendre la haute tâche qu'il t'est donné d'accomplir, à ton retour, sur la terre. Le poète n'est pas un être isolé dans la création ; le poète est l'expression la plus intime, le type le plus vrai de la société contemporaine dont il pressent l'avenir, comme l'hirondelle devance le printemps, ou plutôt comme l'aube précède le soleil dont elle est elle-même une manifestation identique. Le poète n'est pas un membre inutile, superflu de la grande famille humaine : tu détourneras ton sourire de ceux qui le pensent, et tu leur demanderas : « A quoi sert la beauté de leurs femmes ? » Car la chanson du poète, la plus frivole et la plus insouciante, est aussi nécessaire dans l'ordre universel des harmonies, que le gazouillement du rossignol, la magnificence des nuages et le vermillon des roses, devant celui qui a répandu à profusion le luxe des existences et des contrastes. Mais ne prends jamais racine en l'égoïsme, ô mon Fils; et dans ces jours mauvais, où les peuples, comme des épis de blés impatiens de la main qui les abaisse, se relèvent debout, et disent : « De quel point descendra vers nous la rosée qui fertilise ? » Il ne faut plus, mon Fils, gaspiller sur des terrains ingrats les trésors de sa pensée. Et si à travers les bouleversemens et les ruines, tu n'as pas encore compris la justice de l'Ange Exterminateur qui passe, il ne faut pas surtout oublier la religion que tu dois à ceux qui ont faim, qui ont froid. Tout homme malheureux est un Dieu visible qui n'a pas besoin d'un culte vain, mais en faveur duquel témoignera la lutte glorieuse, où t'attend le martyre, ô mon Fils.

Et mon Père déchirant un rideau immense, exclama :

— Vois, ô poète, vois !

XLIV.

Je fus surpris alors devant des choses que je n'avais jamais vues.

C'était d'abord une échelle double, dont on n'apercevait pas les extrémités, et sur laquelle on pouvait, tour à tour, monter et descendre. Des échelons parallèles formaient des zig-zag inexacts, du haut en bas. Il s'y attachait des milliers, des millions, des millards d'êtres, qui grouillaient comme des fourmis.

Je m'approchai de près pour observer ce phénomène, et ce qui me frappa d'un étonnement subit, ce fût d'y rencontrer, sous la forme de quelque existence mesquine, petite, frêle, naine, rabougrie, ce que j'appelais toujours autrefois le grand Dix-neuvième Siècle. Il se trouvait au plus bas de l'échelle, ayant ses bras au-dessus de sa tête, et il s'efforçait de faire tomber non pas ceux qui étaient vers le haut, car ils le gênaient moins ; mais ceux qui pesaient immédiatement sur ses épaules....

Et ensuite, ma curiosité se tourna vers un autre spectacle.

Il était un cercle symbolique qui semblait embrasser tout ce qui a été fait. Une puissance mystérieuse, inconnue, anonyme, invisible, veillait sur ce cercle, mais elle permettait que tous ceux qui voulaient y toucher y touchassent. Alors ceux-ci venaient en nombre considérable; et chacun se plaisait à tracer mille sortes de lignes, sur différens points de la circonférence; mais il ne restait rien de ce travail laborieux que la démonstration successive des diverses propriétés du cercle, dont on ne pouvait jamais déformer la rondeur.

XLV.

J'avais des ailes.

Je me balançais sur les gouffres d'un océan, et je contemplais s'agiter à la surface, des têtes d'hommes en si grande quantité que je les prenais pour des grains de sable, sur le lit d'un fleuve desséché. En effet, un vent impétueux les poussait vers l'abyme infini, comme des avalanches de poussière. Tout cela disparaissait sans cesse ; et je restais muet d'accablement, à écouter le silence de tant de morts qui ne se plaignaient pas.

Et mon Père disait :

— O poète mon fils, tu ne retrouveras nulle part les noms de ceux qui tombent ici. Ces générations pourtant ont vécu, et si tu doutais que des atômes presque invisibles de cendre aient long-temps occupé l'immensité du globe, regarde les étoiles qui brillent en haut, et tâche de les compter.

« Commande au ciel de te parler la langue des immortels, ô poète. Tu n'as qu'à promener ton doigt dans l'air, pour rencontrer des gloires qui prouvent l'existence passée d'un monceau de nations. Voilà Sémiramis! Alexandre! César! Attila!... Voilà, là-haut, six mille ans de l'âge connu du monde!...

« Garde-toi donc, mon Fils, de ne pas comprendre les raisons d'une renommée quelconque, et ne calomnie jamais les souvenirs de l'histoire. Celui-là même qui a fait peu a fait beaucoup. L'action crée toujours quelque chose, et le plus bel attribut de la créature, c'est d'approcher du créateur par une création humaine.

« Il ne sied plus, avec l'intelligence de la lutte amie où s'aimantent mutuellement les deux principes éternels de conservation et de rénovation, de croire au Bien et au Mal absolus dans l'ensemble du système général des faits. La moralité des intentions de personne ne dépend du jugement exclusif des hommes. Les esprits médiocres ou logiques n'admettent jamais d'imperfections : Cependant la nature n'est conséquente que par ses inconséquences.

« Écoute-moi, ô poète. Un instinct de Dieu t'éclaire intimement, c'est une inspiration. Cette inspiration se modifie par le travail de la pensée. Cette pensée se dénature sous l'enveloppe inévitablement incomplète d'un mot. Ce mot ment déjà à ta première synthèse, et dans la succession des phases de l'idée, trahit bientôt, par une équivoque, jusqu'au sens de l'altération.

« Or si cette inspiration doit être traduite non-seulement en toi-même, non-seulement pour quelques-uns que tu préfères, que tu choisis, mais pour ceux qui sont inaptes, indifférens, et encore pour ceux qui te sont hostiles à cause de leurs intérêts contraires, et encore non-seulement pour les foules du présent, mais aussi pour les foules de l'avenir... Ah! poëte, ah! mon fils, ne vaut-il pas mieux que tu exagères la dépense de tes forces, jusqu'à l'effet meilleur de la résultante de leurs combinaisons, et que tu dépasses ainsi le but, sans autre intention que de l'atteindre plus sûrement?

« C'est de là que découle la philosophie qui explique les lois du Progrès vers la Perfectibilité infinie. C'est à ce point de vue que tu dois apprécier la valeur de chacun, que tu dois crier contre toutes les nullités, dans ce siècle d'épreuves et d'avortemens.

« Maintenant, maintenant levez-vous, devant le poète, ombres des contemporains! »

XLVI.

Là-bas, là-bas, le Temps met ses pouces sur la gorge du Dix-huitième Siècle, pour l'étrangler, comme on ferait d'un hydrophobe.

Là-bas, c'est Paris! Là-bas, ce sont trente deux prisons! Onze mille quatre cents détenus assurent le triomphe d'un principe.

Qu'importe? il semble que cette vapeur de sang qui s'élève de toute la terre, agrée à ce même Dieu qui préféra autrefois l'holocauste des brebis d'Abel. Le ciel est bleu; la nature toujours parée de ses enchantemens; et le Soleil, dans son beau char d'or, fait le seigneur joyeux.

Farce grotesque! dans les cachots, eux surtout, les ci-devant Nobles, oublieux du présent, se cramponnent par tous les moyens possibles à leurs chers souvenirs du passé, comme des combattans qui se jettent en bas de la brèche, en mourant au moins avec leurs armes; comme Cynégire, qui, les deux mains coupées, mordait le vaisseau de ses dents. Messieurs les chevaliers, barons, vicomtes, comtes, marquis, ducs et princes, rebelles là-dessus à toutes concessions, observent scrupuleusement, entre eux, les règles d'une sévère étiquette; tandis qu'en présence des porte-clefs, des jurons de citoyens hurlent mal dans leur bouche orgueilleusement grimacière.

Sous ces vestibules de la mort, ce sont donc, le plus souvent, de folles insouciances, des craintes mal-honteuses en dehors, des imprévoyances coquettes, des rires âcres et délirans, des éblouissemens d'audace, des fusées de bravades qui retombent en pluie de cendre ; des prunelles gercées par l'habitude des larmes, dangereuses amies, et quelquefois encore des étourderies peureuses d'un libertinage sans saveur!...

Mais dans les rues, sur les boulevards, sous les tilleuls du Palais-Royal, sous les verds maronniers des Tuileries, une foule insouciante aussi se rue aux plaisirs des longues promenades, des spectacles, des bals, des solennités publiques. Passent, passent des prostituées folâtres, déesses de la veille, en tuniques à la Grecque ; passent des jeunes gens rieurs ; des vieillards qui se sentent vivre ; des riches qui s'étalent dans tout leur luxe ; des gueux qui mettent insolemment leur misère à l'aise ; des femmes qui se hâtent de montrer toutes leurs dentelles, tous leurs bijoux, et toutes leurs grâces, sans coquetterie de pudeur ; des intrigans avides, qui jouent à des jeux de bourse; de jeunes filles, désireuses au-delà d'un instinct trop vague; puis des enfans, (nous-mêmes!) qui choisissent un peu d'ombrage pour bâtir, avec leur nourrice joueuse, des châteaux sur le sable !

Passe bientôt, à son tour, la charrette où soixante-deux victimes, patientes et silencieuses, se laissent voiturer tranquillement, quelquefois à la mort.

Les aboîmens des dogues des faubourgs, habitués à des besoins de sang, avertissent d'avance.

Aussitôt les croisées se pavoisent des trois couleurs. On se soigne à prouver acte de présence : on recommence des bravos détestés : on châtre l'âme de ses regards : on assouplit sa physionomie à des nuances d'exaltation féroce : on se prépare des joues roses, pour ne jamais pâlir : on s'épanouit dans tout son égoïsme : on étudie l'hypocrisie du crime : on improvise de l'ivresse de bonheur. On mange : on dort.

XLVII.

Des nuages se condensent au-dessus de la place de la Révolution. De ces formes aériennes, comme d'un chœur de vierges échevelées, auprès de l'autel, sort un mystérieux concert de plaintes qui montent religieusement vers l'Être qu'on adore dans toutes les consciences.

Ces plaintes inentendues soupiraient :

— O Dieu, prenez pitié de la France! Prenez enfin pitié d'elle et des fils de ses femmes. Ne laissez pas les nations étrangères prévariquer contre elle, la reine des nations; et faudra-t-il que ce peuple entier succombe sur les champs de bataille, ou sur l'autre arène aussi féconde de la liberté, l'échafaud? Ne souffrez plus que tant d'hommes meurent, qui devaient exister davantage, et que les meilleurs citoyens s'en aillent de la vie, comme des plantes parasites arrachées du sol par les inondations qui dévorent. O Dieu! votre temps n'est-il pas venu d'avoir une autre justice? et votre providence sera-t-elle toujours une marâtre inclémente qui aime mieux ses enfans à venir, et veillant déjà pour eux, sacrifie ceux qui étaient nés auparavant?...

Une voix supérieure répondit :

— Les justes et les incorruptibles seront tués par les infâmes et les corrompus, car j'ai fait la Liberté, et je l'ai livrée à tous, sans me repentir.

XLVIII.

Alors j'assistai à l'enfantement de ce Siècle; et c'étaient deux monstres, l'Athéisme et la Prostitution, qui lui donnèrent naissance. La Prostitution désaltéra sa bouche avec le lait impur de ses mamelles; et il mordit souvent le sein qui le nourrissait.

Puis il renonça bientôt ceux qui avaient préparé son berceau, et s'en alla de bonne heure errer au hasard, en se disant:

— Toutes les affections que j'aurai désormais seront mes filles; et je ferai seul, entièrement, ce qui se fera...

L'Égoïsme assistait le voyageur sur son chemin.

XLIX.

Bonaparte! Byron! Saint-Simon!
Salut! Salut! Salut!
Salut à Bonaparte! Salut à Byron! Salut à

Saint-Simon ! Salut à cette trinité nouvelle, sublime, divine !...

L'Homme aux yeux gris sous un front large, au visage tranquille et pourtant sévère, comme celui d'un enfant qui rêve gros ; et aussi l'Homme boiteux, dont toutes les lignes du profil étaient si pures ! et dont la prunelle étincelait de magnifiques révélations, se turent, pendant que je m'approchais du Troisième, ôtant mon chapeau, et le regardant en dessous, pâle et tremblant, ainsi que jeune fille qui n'ose pas dire : j'aime !

Il m'enseignait ainsi :

— Bonaparte continua Hercule sur une autre échelle de civilisation. Ce géant contemporain remua la matière, abattit l'hydre des aristocraties, et nettoya les palais de la Souveraineté du peuple. Ces travaux étant faits, il succomba également brûlé à la ceinture par quelque chose d'âcre et de pénétrant.

« C'est la pensée qui le remplace. Un autre symbole paraît. Byron préside à cette réaction de l'intelligence sur la matière, de l'inspiration sur la brute. Byron tourmente le monde des imaginations, depuis les profondeurs de leurs abîmes, jusqu'aux esprits de l'orage. Byron évoque des fantômes sur les débris qui sont partout ; et ses idées, comme des images qui crèvent, font un déluge où ne seront pas engloutis ceux-là seulement qui entrent dans mon arche, ô poète. -

« Tu le rediras, malgré toi, à la terre, car mon moment est le moment d'aujourd'hui. »

L.

N'est-ce pas ici l'enfer des damnés ?

Qu'il y a peu de cris et de terreur!... Bonjour, monsieur Satan! Vraiment votre royaume ne me semble pas aussi vilain qu'on le prétendait.

— Ah! dit-il, c'est que l'espèce humaine ne commet plus guère de fautes que par faiblesse. Entre nous, on s'améliore; et comme il est prouvé maintenant que tout le mal que j'occasionne est le plus souvent un bien que je prévois, je vous conseille, mon jeune ami, de mettre désormais plus de tolérance dans vos jugemens, que vous n'avez coutume de le faire, vous autres, jeunes gens...

Je hochais la tête.
Le Seigneur de l'endroit reprit :

— Vous m'avez inspiré plus d'une fois pitié, mon beau moraliste, avec vos opinions théoriques sur l'adultère, par exemple. Car enfin, savez-vous que l'adultère est le rat qui a rongé les mailles de la prison du peuple. Sans l'adultère, la féodalité subsisterait encore. L'adultère a provoqué l'abolition progressive de toutes les hérédités, et voilà pourquoi il importe si faiblement que le mariage soit encore un sacrement.

— Tout beau ! fis-je à cet hérétique.

— La routine est le chien de l'aveugle, répondit-il, et l'on griffonne encore des sermens enregistrés par le timbre et le notaire : cependant la question sociale est là. Après tout, quand il se rencontrera une organisation politique durable, elle commencera par la régénération de la famille. Cher enfant que vous êtes, retenez bien ceci. Les devoirs des hommes, ce sont leurs bonheurs. Je n'impose nullement à la femme de conduire le char du soleil ; mais quand on veut l'égalité,... de par le diable ! il faut la vouloir pour tous, même pour des gueux, et pour des femmes.

A propos d'égalité, si vous vouliez converser, jeune homme, avec celui qui a mis au monde l'Égalité métaphysique, avec celui qui a si bien connu les secrets ressorts du cœur humain qu'on le prendrait pour un Dieu, avec le législateur qui a exécuté de si merveilleux bienfaits par son dévouement, qu'on lui doit un culte sur tous les autels, avec Jesus-Christ enfin !

Je m'inclinai.

— Non je ne me sens pas assez pur pour aller vers lui.

— Eh bien ! désirez-vous que je vous explique l'énigme de celui qui a traduit l'Égalité métaphysique de Christ, par l'Égalité morale dans la loi politique ? Seriez-vous effrayé de toucher aux mains sanglantes de Robespierre ?

— Non, non. Je sais que Robespierre est l'emblême du Peuple. Il s'en est incarné la cause, les vertus, et peut-être (je l'avoue), la nature envieuse. Qu'importe? j'admirerai toujours la fête de l'Etre-Suprême. Je ne l'accuse pas d'avoir visé à la tyrannie; mais sa mort, si infâme qu'elle fût pour ceux qui en profitèrent, était le triomphe de la liberté. Du reste, c'est le plus grand homme des révolutionnaires de tous les pays.

— Si vous aimez l'égalité, vous n'oubliez, vous ne méprisez donc point la liberté?

— Certes, non.

— Vous avez raison.

LI.

Satan était décidément quelqu'un de charmante humeur, et de plus excellent philosophe :

— Je devine vos impatiences, continua-t-il, mais avant de jeter un coup-d'œil sur mes geôles et instrumens de torture, vous plairait-il d'apprendre qu'aujourd'hui l'enfer et le ciel n'existent plus autre part que dans la pensée. Vous-même avez tort de supposer que vous êtes ici chez l'ancien Satan, le classique, *le rococo*. Vous n'êtes pas sorti des inventions de votre cerveau. L'opium que vous avez pris ne suffisait pas pour vous empoisonner, mais pour exagérer la puissance de vos souvenirs ; et vous allez bientôt, Dieu merci, vous réveiller de tous ces songes psycologiques...

« Oui, la pensée d'un homme est le Ciel, l'Enfer de cet homme. Cette vérité ne vous paraîtra plus immorale, quand on ira plus avant dans l'appréciation des consciences et du sort de chacun.

« En attendant, daignez regarder mes coupables. »

LII.

J'aperçus des gens dont on taillait le cœur, morceau par morceau, ligne par ligne, selon les vengeances du juif Shilock. Hélas! c'étaient des débiteurs déchirés par les importunités inhumaines de leurs créanciers.

Je soupirai...

Plus loin des diables séringuaient avec de l'or fondu et bouillant des députés qui s'étaient vendus pour cet or. Un démon plongeait l'instrument dans la chaudière : un autre en baptisait la tête, et en faisait découler la pluie brûlante sur le corps ; tandis qu'un troisième poussait incessamment la liqueur fatale, jusqu'au fond des entrailles vénales.

Je pensai au jeune Evariste Gallois, à Escousse, à Lebras, à tant de prolétaires misérables, et je ne criai point : Grâce !...

Je vis un spectacle plus gai pourtant.

Un magasin de masques était ouvert sous mes yeux, et Satan fit le bon enfant à me donner cette explication, dont j'espère profiter un jour, moi-même, Trialph le poète.

— Ce sont des nippes d'auteurs qui sont appendues dans cette boutique. Voici des costumes de toutes façons. Le Moyen-Age et l'Orient sont en-dessus. La collection des *lames de Tolède*, des *mantilles d'Andalouses* et des *barbes gothiques* est superbement magnifique. Ces faquins qui tourbillonnent par milliers à la porte, ces malheureux-là n'avaient pas une idée, pas une âme à mettre sous tant de formes, de déguisemens. Je les laissai bien s'amuser pendant quelques carnavals. Mais dernièrement je leur jouai un tour de ma façon, en reprenant ce que je leur avais prêté, afin d'attirer les regards du public, par la bizarrerie et la variété. Hélas ! rien ne devenait moins bizarre et moins varié que leurs parodies.

Comme la vanité préoccupe sans relâche les folles imaginations de quelques-uns, je les punis seulement en leur plaçant devant le visage la physionomie de leurs plagiats, et chacune de leurs œuvres en multiplie les ressemblances, comme des gouttes d'eau qui tombent dans le miroir agité d'une fontaine.

Rends-moi le service de bombarder d'une bonne satire ce Capharnaüm, où l'on rencontre à chaque pas des pieds d'auteurs, si tu veux que je t'aime, ô Trialph, favori du Diable.

— O Satan, protecteur de Trialph, je vous le promets...

— Avant de nous quitter, jure moi encore que tu réserves aussi quelques vengeances contre ces femmes, que je punis, là-bas, d'avoir complaisamment salué, de leur mouchoir patricide, l'arrivée de ces alliés européens, vos ennemis.

— Ah! je vous le jure de cœur.

LIII.

— Je vois que tu as de l'excellent, mon garçon, et je familiarise volontiers ma seigneurie avec toi. Je t'en montrerais donc plus qu'au pieux Énée, dans le sixième chant de Virgile. Car je devine que tu as eu l'intention, non pas d'écrire un roman, mais presque une épopée, à la manière de Dante. Seulement tu envisages les choses en critique, et tu te moques des inconséquences comme on abat des noix. O Trialph! n'es-tu pas une espèce de don Quichotte, amoureux de ton sujet, comme lui de sa Dulcinée? Il combattait pour elle, avec les moulins à vent. Toi, tu donnes des coups de plume dans toutes les fantasmagories qui bordent la route de ton pélerinage. Au fait tu adores l'action d'un amour trop platonique, du moins dans cet ouvrage. Confesse-le-moi.

— Vous n'avez pas conçu le mystère de mon unité, ô digne Satan. Je suis mon siècle, moi, Trialph. Or, mon siècle est doctrinaire en politique, en religion, en amour, en haines, etc. Mon siècle pense beaucoup; mais n'agit jamais. Mon siècle sera rangé, par les contrôles de la postérité, dans l'ordre des ruminans. (*Mauvaise phrase!*) Mon siècle s'embarbouille de passions factices qui échouent toujours, faute d'inspiration, vraie, consciencieuse, intime, religieuse. Je ne puis pas agir autrement que mon siècle. Si j'ennuie, mon siècle est ennuyeux; et il aurait tort de me le reprocher.

— Comment te tireras-tu du labyrinthe inextricable où tu es entré?

— Par des extravagances méditées, par des combinaisons de drame ridicules, par des effets pitoyables qui intéresseront probablement.

— Trialph, vous êtes un Satanas !...

LIV.

Je me réveille....

Que ferai-je ?

Je serais un plaisant drôle d'abdiquer la souveraineté de ma volonté, pour me mettre au service des folies de la Comtesse, et j'ordonne à ma pensée de ne plus s'occuper désormais de cette adroite magicienne. Oui, ou non, suis-je à Olympe ? Non !

J'ai revu Nanine qui était pâle, et belle, et amoureuse. Pourtant je ne suis plus digne d'elle.. Non, non, non. Et puis je ne veux pas l'épouser !

N'irais-je point disputer encore cette rivalité à Ernest? J'ai bien affaire de m'exposer à d'humilians refus, ou de me mettre en train d'une nouvelle vengeance, pour manquer à ma colère, étant impuissant à vouloir au moment de l'exécution?... Si je ne vais pas jusqu'à l'empoisonnement, irai-je jusqu'au sang d'un homicide en duel? Et cependant je ne vois que du sang qui puisse finir cette intrigue passablement embrouillée, où je ne pourrais pas demeurer long-temps au second plan!... J'aime à peu près Nanine et Olympe. Je haïssais à peu près Ernest et le Comte. Mais je me sens le besoin de me passionner fortement, afin de mieux déraciner des idées dangereuses...

J'invoque le jeu!...

Je cours à Frascati.

LV.

Je jouerai à tout prix. Je suis joueur. Voilà

donc enfin le jeu qui me possède ! J'ai la fièvre d'une passion.

Dieu merci ! Je me retrouve à l'aise avec moi-même. J'étais vraiment trop malheureux, avant cette fantaisie vers laquelle je me suis rué en désespoir de ma sotte position.

Le jeu est beau ! Le jeu inquiète, tourmente ; le jeu dessèche l'imagination ; le jeu durcit le cœur. L'homme le plus souple, le plus ductile, le plus malléable se retrempe au jeu d'une nature de fer..... Sur mon honneur, vive le jeu !...

Gagner ou perdre, que m'importe ? Je sais bien qu'il y a des épiciers qui jouent pour gagner de l'or ou du cuivre. Moi, je joue pour perdre du cuivre et de l'or. S'il le faut, ma petite fortune s'écoulera par là. J'ai quelques vieilles masures où ma mère est morte, où je suis né : je les hypothèquerai, je les vendrai, je les jetterai dans ce gouffre de la Roulette, où le sort fantasque a numéroté trente-sept chances contre moi. Tant mieux ! La chose m'amuse.

LVI.

Les pièces d'or et d'argent serpentent sur le tapis vert, comme les écailles luisantes des couleuvres à travers l'herbe du gazon.

Je gagne beaucoup.

Les autres (ceux qui perdent!) me jettent des regards d'envie. Ils me volent, j'en suis sûr, par le désir. Ils sont furieux surtout de mon sang-froid. Ils sont fous de leurs pertes. O l'ignoble métier que de ne plus s'appartenir, ni corps, ni âme, à propos d'un rouleau de napoléons, ou d'un chiffon de papier !

Une courtisanne, une délicieuse créature, ma foi ! se rapproche de mes richesses. Elle convoite mon amour. Elle m'éclabousse d'œillades. Elle apprête ses façons de m'aborder.

Je continue à gagner, sans la reconnaître....

Mais Ernest arrive. Il ne me salue pas. Il vient chuchotter avec cette Césarine.... On dirait qu'ils affectent d'être bien ensemble. Ils s'asseoient..... Ils jouent à leur tour.

Eh bien! je tiendrai les chances contraires aux leurs. Nous verrons si je dois succomber toujours devant la prospérité de mon ami Vaslin. C'est l'horoscope de mon avenir et du sien que je tire!

Bravo! le sort me traite en prince. Il fait pleuvoir dans mon gousset des cachemires, des loges d'Opéra, des chevaux, des tilburys, des perles fines, des soupers séducteurs.

Ernest est ruiné pour cette nuit.

Décidément Césarine me fait la moue. Pourquoi ne pas profiter d'une bonne fortune de vengeance qui se présente?

— Voulez-vous accepter mes offres? Césarine.

— Mais...

— Répondez-moi, oui ou non.

— Que vous êtes un amant original!

— Vous m'avez déjà dit cela autrefois, ma belle, mais aujourd'hui consentez-vous à passer le reste de la soirée avec moi seul.

— Ne parlez pas si haut.

— Vous ne me comprenez point. Les quatre billets de banque que voici, dans le creux de ma main, ne m'appartiennent plus, si vous rompez malhonnêtement avec lui.

— J'y consens. Il est si bête!

Ernest ayant entendu, je fus content.

— Il suffit, repris-je.

Et retirant mon porte-cigarres de ma poche, je l'ouvris. Je me mis à choisir le meilleur que je pus y trouver, et je l'allumai flegmatiquement avec les billets de banque en question, dont je secouai la poussière sur les gants de ma voisine.

Après quoi, je partis pour aller me coucher.

LVII.

O Amour, Amour! es-tu donc devenu la risée des hommes et le hochet de leurs plaisirs d'enfans? O Amour, divin attribut, principe de vie, sève de toute matière, harmonie éternelle, source intarissable, raison universelle des existences, sagesse la meilleure des philosophies, puissance ignée de chaque action humaine, je m'incline devant ce que tu fus long-temps pour moi, ô Amour, Amour! Et si je pouvais dans une solitude sainte, purifier le sanctuaire de mes souvenirs, de la mémoire des souillures de mon temps ; quand je me serais éprouvé par la continence, jusqu'à ce que les désirs ennemis n'aigrissent plus le sang de mes veines, comme le Prêtre juif, je m'approcherais enfin de ton buisson de flammes, et je t'envisagerais dans l'éclat de tes incomparables beautés, ô Amour, récompense terrestre des vertus pures, et diamant inaltérable des félicités mortelles!...

Que je suis malheureux de n'avoir été aimé de personne! Jamais, jamais personne ne m'a aimé!

Nanine, hélas! Nanine, vous n'êtes qu'une petite fille rieuse!

LVIII.

Mademoiselle,

Au nom de tout ce qui peut vous être cher, accordez-moi un mot de réponse.

Je ne puis exister avec la crainte d'avoir été oublié de vous, et de vous avoir compromise au milieu de la société de votre salon, en public. Dites-moi, dites-moi, Nanine, ce qu'il faut pour vous toucher, pour ne pas mourir de désespoir, à cause de votre cruel silence. Il s'est passé trois jours entiers, sans que je sache si vous me pardonnez le baiser que pourtant vous m'avez rendu. Ah! je vous en supplie, apprenez-moi si je devais plutôt mourir de ce fatal et inutile empoisonnement, et si vous auriez eu pitié du moins de trouver mon cadavre étendu à votre porte.

Je suis bien à plaindre : je doute!

J'ai cru; j'ai espéré; je ne peux plus croire; je voudrais espérer...Je doute!...Et cependant, douter, c'est lutter convulsivement vers le bonheur avec le désespoir; c'est se sentir vivre pour périr à la torture...! Je doute!...

Oh! soyez-moi tout-à-fait amie. Ce mot

que vous rencontrez toujours sur mes lèvres, ce mot qui me suffirait uniquement dans le monde, redites-le, redites-le une fois, une seule... pensez-le même seulement... Je devinerai... Oh! pensez-le vite...

Que je suis coupable, envers vous, de votre première indifférence pour moi, mademoiselle! Mais pourquoi me punir actuellement? Supposez-vous que je sois fat ou léger, au-delà des apparences, et ne me rendez-vous pas cette justice qu'il y a en moi le cœur d'un homme?

Et quel homme suis-je? Je puis tout révéler. Vous me chéririez, si vous me connaissiez. Vous me chéririez, sinon par entraînement, du moins par bienveillance, car vous ne pourriez pas renoncer le bonheur de me donner tant de bonheur. Je ne suis pas, moi, un de ces êtres dont le sens du cœur s'est usé en fades jouissances. Je vous apporte le plus pur dévouement, la plus fidèle constance, et le culte d'un fanatisme sans bornes. Mes yeux, ma physionomie entière ne vous annoncent-ils pas une noble énergie de caractère, comme il en faut pour défier le temps de séparer deux jeunes gens qui se prennent par la main, pour marcher ensemble dans la vie? Et me préféreriez-vous un de ces petits-maîtres insignifians, une de ces créatures médiocres, une de ces âmes bégueules, qui redoutent toute passion quelconque, parce que cela ferait craquer leurs corsets de mannequins?...

Oui, je vous aime, oui, je vous aime d'amour passionné, d'amour enivrant, d'amour fou. Voilà la triste vérité! et quelle vérité! Pas d'espoir! ni de vous, ni à cause de ce que je suis. Car enfin je n'ai qu'une grâce à vous demander maintenant; n'en épousez pas un autre : mais je ne serai jamais à vous, mais vous ne serez jamais à moi!

Je ne m'appartiens pas. Mes parens ont été ruinés par des revers, et ils sont morts.

J'ai été forcé de me procurer moi-même une position dans le monde, où je ne me trouve pas à ma place, en ce moment, je vous l'avoue. Que voulez-vous donc que devienne ma destinée, à présent que je vous aime?...

Ici ma tête se perd. Je ne sais plus ce que j'écris encore, emporté par la fougue de cette imagination qui m'a déjà fait tant de mal. Je le vois seulement, une fois qu'un sentiment est entré dans l'esprit de l'homme le plus sûr de lui-même, cet homme est à la merci d'une puissance tyrannique. La femme, au contraire, idole froide comme le marbre des idoles, ne cède qu'à l'influence secondaire des sensations physiques. La femme, en s'abandonnant à ses instincts les plus impérieux, subit encore les conséquences d'un raisonnement même involontaire. Mais l'homme, le poète surtout, c'est toujours la passion qui l'entraîne et le fascine! Car le poète se mire dans le miroir magique de ses espérances, comme l'oiseau dans les éclairs mobiles de l'œil du serpent... Oui, malheur à moi! j'ai oublié, pour vous, ce que j'avais acquis d'expérience! Hélas! je le sais, je le sais, la femme ne veut pas, ne peut pas aimer. Chez elle, l'âme n'est pour rien dans l'amour. Elle a des faiblesses des sens quelquefois, et toujours de vanité. Elle ne sent pas, elle ne sentira jamais. Elle analyse. Elle juge. Elle est coquette. La femme fait la reine de la création. Elle s'adore. Elle s'épouse. La femme a dans le crâne ce sexe de Dieu, l'idée qui se suffit à soi-même...

Qu'ai-je écrit? Je retombe dans les angoisses ordinaires de ma pensée. Je suis injuste peut-être. Pourtant si vous me haïssiez pour cela?... Oh! non. Ce sont mes tournures de phrases seulement qui vous choqueraient. Que mon style est pitoyable! n'est-ce pas, n'est-ce pas? Ah! je ne l'ignore, ma plume maladroite à glissé sans cesse sur des idées décousues. Quelquefois de crainte de parler trop franchement, je me suis promené dans mon sujet, de long en large, en tous sens, comme un prisonnier, dans sa chambre. Plus souvent j'ai eu l'air d'une conversation en monologues. O la misérable nature d'auteur qui revient partout!...

N'importe! excusez mes extravagances de correspondance, et laissez-moi vous aimer. J'ai tant besoin d'amour! J'existe pour respirer l'amour!... Aimez-moi, Nanine, aimez-moi.... Rien ne m'attache à rien, maintenant; mais je réparerai le passé. S'il ne s'agit que de vous mériter par tous les sacrifices possibles, par des épreuves surhumaines, j'accepte l'entreprise. Seulement aimez-moi... Nanine, Nanine, qu'est-ce que je vous demande? rien que la permission de vous aimer? Si vous connaissiez combien je suis malheureux de vous aimer, sans que mon amour soit pour vous le secret des voluptés les plus mystérieuses, les plus intimes, les plus ineffables! Ah! croyez-vous que cela serait de la vertu de me reduire au désespoir?...

Apprenez que je ne réponds plus de moi, dans l'état où je reste. Ma foi, si vous n'aviez pas quelque pitié, quelque humanité pour moi; si vous vous jouiez de mon repos, de ma santé, de mon bonheur, de mon avenir, de ma vie, je ne pourrais jamais vous pardonner de me refuser votre amour. Après les souvenirs que j'ai, nul autre que moi ne peut plus demander ou obtenir des caresses déloyales que vous me devez. S'il me fallait abjurer l'estime que vous m'inspirez, j'aurais horreur de tout ce qui paraît bon et beau. Je deviendrais capable de vous dépasser en crimes. Sauvez-moi donc de ma rage. Car le pis ne serait pas d'en mourir, si je vous perdais. Qui est-ce qui tremble de ne plus souffrir? Je suis un homme du peuple, moi, mademoiselle. J'ai souffert sans relâche, depuis que je suis. On souffre tant à vivre. J'ai été déçu dans toutes mes affections, parce que j'ai toujours trop aimé. Mais vous, Nanine, vous, je vous aime enfin, entre la vie ou la mort!...

Hélas! ne vous effrayez pas de cette formule d'adieu, pour terminer ma lettre, une lettre si longue, et déjà finie. Car je cherchais peut-être une manière de ne pas me répéter, en disant que je vous glorifie de toutes les puissances de mon être.

Si vous, Nanine, si tu m'écrivais : « je vous aime! » .... Oh! cher ange, cela me paraîtrait nouveau, toujours nouveau!...

LIX.

Quelques jours se succèderent. J'attendais inutilement une réponse si désirée... Enfin je reçus ce billet :

— Est-ce à moi que vous adressez le style d'amitié qui n'a plus de sens aujourd'hui, entre nous, monsieur? Si vous me parlez de souvenirs, je comprends bien que vous avez intérêt à n'inspirer d'affection et d'estime, que par les imprudences où vous m'avez indignement entraînée. Il ne me convient pas cependant de vous détailler des reproches ; et il m'importe moins surtout d'entretenir, avec un homme passionné, tel que vous êtes, monsieur, des relations qui pourraient compromettre mon honneur et celui du mari que ma mère me destine. Il n'y a que certaines gens, dans certains cas, qui soient dignes de s'aimer, monsieur, et de l'avouer.

« J'ai donc l'honneur de vous saluer avec la plus ingrate indifférence, et vous me permettrez de ne pas oser vous signer cette seule et dernière réponse. »

Point de signature!... Des soupçons injurieux!... Je reste anéanti de stupeur...

Un post-scriptum, griffonné à la hâte, était ainsi conçu :

— Oubliez-moi.... Ma résolution est prise pour toujours... Oubliez-moi... Plus un mot sur moi, près de qui que ce soit!.... Vous n'avez pas le droit de renverser ses droits... Il est votre ami... Croyez que je l'ai chéri, que je le chérirai encore... Il m'estime.... Vous me trompiez... Cette coquette, vous l'aimiez aussi!... Vous l'aimiez davantage!... J'ai tout découvert!.... Adieu donc!... Je ne veux me venger qu'en pleurant... Mais adieu!... »

LX.

Ce qu'elle m'a écrit, ce qu'elle voulait me dire, tout se trouve dans ces lignes, tout! Après quatre jours entiers d'incertitudes, de souffrances, que j'ai endurées discrétement, elle n'a pensé pour moi que des reproches et un froid adieu! Et quand elle s'est déshabituée, une première fois, de chercher à me consoler, elle a même oublié tout-à-fait mon nom, comme s'il fallait n'en retenir qu'un seul, pour mieux savoir celui de l'autre!

Courage, ô mon âme! Il n'y a plus, dans ce monde, personne qui puisse me donner un souvenir d'affection. Enfin, espérances vagues, ou pressentimens funestes, rien ne reste plus indécis. Je devine pourquoi elle a voulu détacher de la mienne le fil de sa destinée. L'amour ne suffisait pas. Elle s'est donnée à des plaisirs plus faciles : elle s'est prostituée à des devoirs qu'elle trahira tôt ou tard. Le mariage l'a séduite, l'a débauchée.

Non, je ne voudrais plus que de nos cœurs, comme de deux miroirs placés en regard sur une ligne droite, parte un rayon unique, qui porte son étincelle de flamme à chaque foyer; non, je ne veux plus que la destinée de cette courtisanne soit à moi. Notre route est-elle donc si aisée qu'on puisse se charger d'un second fardeau, en acceptant les conditions d'une double existence dans une même vie?...

Je jure aussi que je ne me tuerai pas.

J'aime mieux pleurer, sanglotter, me tordre; j'aime mieux surtout me venger, pour qu'ils pleurent, sanglottent et se tordent à leur tour.

Ils n'ont pas voulu m'aimer. Ernest ne m'a pas aimé, comme ami. Olympe ne m'a pas aimé, comme maîtresse. Nanine ne m'a pas aimé, comme épouse. Voilà trois erreurs, trois plaies, trois colères, trois vengeances. Il n'ont pas voulu m'aimer. Ils me haïront. Je leur ferai tant de mal!

Après cela, je verrai ce que veut dire le mot: Remords. Et je te demanderai, ô mon âme, insatiable et despotique intelligence, si nous sommes vraiment de trop, toi et moi, sur la terre !

LXI.

Je me rends au bureau d'un journal......
La publicité de la presse est devenue la première nécessité des jours modernes : la presse est le levier le plus puissant de destruction, et le moteur presque unique de toute organisation sociale : la presse est un besoin, en politique, comme le pain quotidien qui nourrit tous les estomacs, et se mange avec tous les mets : la presse est la seule communion qui nous reste, après la chute de la foi catholique, le dédain des mœurs chevaleresques, l'abjuration du respect pour les rois, l'insignifiance des doctrines philosophiques de l'encyclopédie, l'impuissance des billevesées de la tribune, et la nullité des fanfaronnades du théâtre;

en un sens, après Voltaire qui se confesse, Robespierre qu'on calomnie, et Napoléon le prisonnier de Saint-Hélène : la presse est un diamant qui ne s'use et ne se polit que par sa propre poussière : la presse ressemble au Dieu des panthéistes !

Eh bien ! poussé par je ne sais quel instinct de démoralisation, et mécontent surtout de n'avoir jamais été pris au sérieux dans mes passions, par cette société qui dévore des caprices, je m'attaquerai à saisir les ridicules de mes contemporains : en faveur d'une fantaisie personnelle, j'exagérerai, jusqu'à l'abus, l'usage de ce qu'ils ont de meilleur, et je déposerai un germe de parodie dans ce qu'ils honorent davantage !

Pour des centimes la ligne, je puis me moquer impunément de la presse, et sous la bannière vénale des couleurs les plus opposées, je fais insérer à peu près dans un million d'exemplaires de feuilles cet avis officiel au public : — Un particulier, décidé au suicide, désire exploiter avantageusement sa mort, pour payer la corbeille de noces d'une femme, qu'un de ses amis arrache à son amour. Il offre donc le sacrifice de sa vie, à la merci d'un projet quelconque, moyennant une somme dont il sera convenu entre les parties intéressées. — S'adresser, quand on demandera des renseignemens, à M. A. B., poste restante, à Paris....... —

Cela étant publié, du matin au soir, je me cravattais ; je m'arrosais de Bordeaux ; je courais les ateliers de peintres et de sculpteurs, en me faisant portraire sous toutes les faces ; je me roulais, en attaques de nerfs, sur les sofas complaisants ; je me soulais de fumée de tabac ; je dilapidais mes richesses du jeu, à les risquer sans cesse ; je caracolais insolemment sur les boulevards, devant les gens à pied.

Or, chacun admirait mes fatuités et mon humeur d'artiste, pendant que j'attendais, *in petto*, le simple résultat de ma plaisanterie.

LXII.

Il m'arriva, par la poste, d'étranges confidences, dont je demeurais ébahi.

D'abord je soupçonnai la police de se glisser là, par ce petit trou, comme la belette de Lafontaine, jusqu'à ce qu'elle se fût engraissée ; et certes je ne pouvais échapper à ses mystifications, puisque les gouvernemens basent les intérêts de leur égoïste dynastie sur la moralité des dépositions de mouchards : mais en vérité, c'est pitié que de connaître la majorité de niais et de fripons qui pullulent, et l'on éprouve d'inexprimables dégoûts à remuer, par hasard, la vase des passions individuelles ou des pratiques journalières de la politique.

Il me fut proposé, par d'innombrables

anonymes, de sauver la France, de délivrer une princesse adorée qui languit inhumainement dans les fers de la captivité, d'incendier le Palais-Royal, d'occasionner une émeute, d'enlever le roi, de l'assassiner, et cœtera....

On me promettait cinq cents francs, dix mille francs, des passe-ports, des estimes, des reconnaissances, la croix du *lis sans tache*, une tabatière en perles, succession des Montespan ; la bénédiction céleste d'Henri IV, etc...

Je jetai ces balivernes au feu. Mais j'adressai une réponse à chacun de mes correspondans, et je leur donnai rendez-vous à un bal masqué de l'Opéra...

Au milieu de ces folies, une lettre de M. de Liadières me frappa de terreur.

LXIII.

Je me déguisai...

J'étais au foyer, me promenant à grands pas, à travers les dominos, et je m'amusais à persifler, tour-à-tour, mes divers entremetteurs, en discutant sérieusement avec eux les clauses du marché de mon existence, lorsque j'aperçus, au fond de la galerie, la seule personne dont je ne voulusse pas me jouer.

D'une voix qu'elle ne reconnut pas, je lui dis :

— Me voilà, monsieur.
— J'en suis aise.
— Qu'exigez-vous ?
— Le secret d'abord.
— Ensuite ?
— Quelques garanties.

— Je ne puis me nommer.

— Je me nomme bien, moi, monsieur. Je suis le comte de Liadières. Je vous l'ai déjà écrit.

— J'ai l'honneur de connaître votre nom, monsieur le Comte, mais veuillez ne pas insister sur le mien.

— Pourquoi cela?

— Parce que je n'y puis consentir. Que vous importe d'ailleurs?

— Êtes-vous prêt à tout? cependant.

— Oui, monsieur le Comte.

— Avez-vous été marié, monsieur?

— Non.

— J'en suis fâché. Avez-vous jamais aimé?

— Oui, oui.

— Alors vous êtes malheureux?

— Oui, oui, oui.

— Eh bien! je le suis aussi. Je le suis plus que vous.

— Peut-être une apparence, une erreur...

— Assez! je ne réclame pas des consolations. Je n'ai besoin de vous que pour une vengeance.

— Parlez. Faut-il qu'un duel...?

— Il est trop tard. Je dois la vie à l'assassin de mon honneur.

— Que voulez-vous? une embûche?

— Les trahisons sont infâmes.

— Je vous admire de me refuser.

— Vous n'êtes donc pas susceptible de remords?

— Non, monsieur le Comte.

— Vous êtes un scélérat. Mais je me servirai pourtant de vous. Allons! prenez cet *acte*. Il vous dédommagera de m'avoir vendu votre conscience.

— Quelle est la condition du succès?

— Que je ne puisse reparaître, demain matin, avant vous, chez le notaire, où vous irez toucher votre salaire..... Commencez-vous à comprendre?

— Oui, monsieur.

— Cela ne suffit pas encore, et suivez-moi un moment.

LXIV.

Ce qu'il avait médité est épouvantable ! Je le seconderai. Mais je ne prétends point, dans ma propre cause, rester au-dessous de lui, le mari. Cette nuit sera fatale...

Où est Ernest ? Il faut que je m'empare de mon ennemi intime avant l'heure promise au comte de Liadières. J'arracherais Ernest des entrailles de la terre, afin de compléter dignement la leçon conjugale dont je deviens l'instrument !

LXV.

— Vous êtes donc toujours dans les maisons de jeu ?

— Je ne me cache pas.

— Me demandez-vous une réparation, monsieur Ernest Vaslin ?

— Charles, vous avez été autrefois mon ami ; maintenant daignez me laisser tranquille.

— Êtes-vous lâche?

— Non ; et vous le savez bien. Il y aurait même de l'indélicatesse de votre part à continuer une offense dont je ne dois plus me souvenir dans ma nouvelle position.

— Que voulez-vous dire?

— Je ne crains pas de m'expliquer franchement. Charles, votre conduite à l'égard de mes rapports avec Césarine, est une épisode de ma jeunesse de garçon. A dater d'aujourd'hui, cette histoire passée ne mérite nullement l'attention d'un homme qui a contracté de nouveaux devoirs.

— Est-ce que tu l'as épousée déjà ?

— J'épouse demain mademoiselle Demassy.

— Ah! c'est bien! c'est bien! Demain! demain, n'est-ce pas? Elle te jurera de t'aimer pour toujours dans la journée de demain? Elle sera dans tes bras, sous ta bouche, dans la nuit de demain! Ah! ah! ah! Ernest, que je serais content de t'étrangler!... Sortons.....

—Charles, je ne pouvais me battre avec vous pour une maîtresse; mais je me battrai pour ma femme. Entendez-vous? Pour ma femme! Comptez sur moi dans deux jours. Vous n'attendrez pas plus longtemps; et j'irai moi-même vous chercher, monsieur.

— Point de phrases, ni de retards!... Que faites-vous à jouer ici?

— Je consens à vous rendre compte, une dernière fois, de mes actions, parce que je vous dois quelque argent, et que je ne veux point passer pour un misérable. Je vous l'apprendrai donc, si je retarde l'affaire dont nous convenons ensemble, c'est que j'ai besoin de ne pas manquer le mariage qui m'assure une fortune avec laquelle je....

— Une fortune ! C'est à cause de sa fortune que vous m'enlevez l'amour de Nanine !...

—.... Avec laquelle je satisferai d'importuns, d'exigeans créanciers... Je n'ai encore nulle haine pour vous, monsieur, et quand je cède à vos attaques, je défends uniquement mon honneur selon les lois du monde. Mais j'ai encore un autre honneur, et je ne veux pas mourir en espèce d'escroc, si je dois mourir par vous.... Dans deux jours, je vous le répète, rien ne m'arrêtera plus. Mes deux honneurs braveront les conséquences de tous les événemens...

— Vous me faites pitié de raisonner avec ma colère et de chiffrer des sous et des déniers sur le cœur d'une femme que j'aime...

Il se fit un silence entre nous. Nous

restâmes quelques minutes en arrêt d'observations mutuelles. Bientôt je repris, moins violemment :

— Êtes-vous déjà marié civilement?
— Oui.
— Vous avez touché la dot du contrat?
— En partie.
— Vous la portez sur vous?
— Peut-être.
— Vous la jouez ce soir?
— Je suis libre de mes actions.
— Sans doute. Mais vous êtes devenu ce qu'on appelle un joueur. Oui, vous êtes joueur. Le jeu vous a pris à son service. C'est le jeu qui épouse votre femme.
— Que vous importe?
— Il m'importe que vous vous acquittiez envers moi.
— Vous abusez de ma situation présente et de la crainte que j'ai de faire une esclan-

dre. Je vous ai connu plus noble de cœur.

— Tant pis pour mon cœur d'autrefois... Aujourd'hui, payez-moi de suite.

— Je ne puis vraiment pas. J'ai déjà perdu ce dont je pouvais disposer. Je ne consentirai jamais à distraire deux billets de mille francs sur la somme qui me reste. Attendez, Charles, je vous en prie, jusqu'après demain.

— Non, encore une fois, non.

— Vous êtes bien coupable envers votre ancien ami !

— Mon ancien ami m'empruntait de l'argent pour l'*écarté* ou pour ses catins, quand je contractais moi-même des dettes, afin de ne pas le désobliger.

— Je vais vous payer.

— Écoutez-moi. Je vous l'avoue, ce n'est pas pour deux mille francs que je vous tourmente, mais par l'irritation de la haine que je veux assouvir. Risquons donc, sur la première chance du jeu, quitte ou double entre nous.

— Je n'ose...

— Vous, hésiter ! Vous, refuser ma proposition !... Ah! je sais trop ce que c'est que le caractère d'un joueur, et mon instinct a mis le doigt sur la plaie de vos faiblesses.... Je ne me suis point trompé... Allons, je parie *rouge*.

— Je tiendrai la couleur *noire*, si elle ne sort pas avant trois coups.

— Cela me devient égal.

— Voilà une série de douze pour la *rouge* ! Elle peut encore passer six fois au moins. Je retire d'avance mon enjeu. J'attendrai la première intermittence.

— Cela m'est égal, vous dis-je.

— Ah ! la *noire* est sortie. J'ai eu tort. Que j'ai eu tort de me défier des probabilités qu'elle avait !

— Êtes-vous disposé maintenant ?

— Je m'attache à la *noire*. Non, non, je préfère la *rouge*... Je me trompe, je reviens à la *noire*.

— La *noire* va-t-elle décidément pour vous, enfant que vous êtes!

— Oui.

— Oui?

— Oui.

— Vivat! vous avez perdu.

— Je vous dois quatre mille francs. Seulement donnez-moi la revanche.

— Volontiers.

— J'essaie de *pair*.

— Je m'accommode d'impair.

— O mon Dieu! c'est une fatalité! Je perds encore. Mais je ne perdrai pas toujours. Voyons, seize mille francs, ou rien?

— Impossible!

— Votre procédé est déloyal.

— Voulez-vous mériter un soufflet en public? Sinon, taisez-vous.

— Enfin, vous possédez un bonheur rare,

un bonheur incroyable. Je puis bien me plaindre, il me semble. Je suis déshonoré d'avoir joué tant d'argent ce soir même. Que voulez-vous que je fasse? J'avais désiré établir un sort à Césarine, en me mariant. Je suis entré ici pour ne pas déranger la plus petite monnaie de ma dot, et cependant meubler convenablement la pauvre fille.... Comment me justifierai-je?.... Sans vous, sans vous, je n'en serais pas là!... — Seize mille francs ou rien ? Je vous en conjure.... D'ailleurs, moi aussi je ne m'abuse pas sur votre caractère. Vous courrez le risque de me rendre encore plus malheureux!... Courage! courage! Au nom de notre ancienne amitié, haïssez-moi au point de céder à mes prétentions.... Seize mille francs au lieu de huit! Vous aurez seize mille francs à moi qui me gêneront beaucoup!... Huit mille francs, après tout, c'est presque une bagatelle! Quand j'y réfléchis, je les retrouverai autre part, pour les rembourser plus tard, quand je le pourrai..... Je n'aurai vraiment guère besoin d'en parler à madame Vaslin, ni à ma belle-mère.... Je regrette de m'être tourmenté inutilement.....

— Silence donc, joueur bavard ! Tout ce que vous déclamez est magnifique. Pourtant je n'ai qu'une condition à vous présenter. Ne branlez pas la tête.... Je vous joue un rendez-vous avec votre femme, contre mes huit mille francs. C'est à répondre par un oui ou un non.

— Je réplique que vous me solderez largement, à votre tour, plus d'un compte dans deux jours.

— Je ne vous croyais pas capable d'un pareil consentement. Apprenez que je tendais uniquement à vous humilier.

— Et quand j'aurais aquiescé à cette mauvaise ironie, vous pensez donc, vous, qu'elle..?

— Oui, je le pense.

— C'est faux.

— Je vous avertis pour la seconde et dernière fois que vous allez mériter un soufflet en public.

— Ne me touchez pas! ne m'approchez pas! Vous êtes un malhonnête homme, que je déteste à présent. Et je vivrai! et je ne vous reverrai plus qu'après avoir épuisé par mes baisers tout l'amour de la femme que vous aimez!

— Bravo! avant de sortir, remettez en mes mains les huit mille francs qui sont à moi.

— Oui, sans doute. Qu'est-ce qui prétend les garder?

— Je ne soutiens pas le contraire.

— J'ai proposé de les jouer, et il me paraît que j'ai obtenu le droit de pouvoir traiter cet arrangement avec vous.

— Le rendez-vous, ou sinon, non!

— Parbleu! l'affaire est merveilleuse. Changeons le nom de la personne, puisque ce serait une folie, une infamie dont il ne peut être sérieusement question, d'un autre côté. Voulez-vous adopter pour mon enjeu, un rendez-vous avec une femme qui est la cause de nos inimitiés, avec madame de Liadières?

— Quoi?

— Oui, je devais passer quelques heures de la nuit auprès d'elle, et vous me remplacerez, si cela vous plaît.

— Cela me plaît. Je vous tiens quitte.

— Je ne l'entends pas ainsi.

— Je vous soutiens que vous me l'avez vendue.

— Comprenez mieux mes intentions. La Comtesse m'ennuie, m'obsède. Elle me menaçait de détruire les illusions de madame Vaslin. J'ai eu la complaisance de promettre que je la reverrais aujourd'hui, une dernière fois. Mais je préfère même que nous lui fassions cette espiéglerie. Il ne serait pas moral à moi, nouveau marié, de partager son lit la veille de mes noces, et je trouve ravissant de servir enfin moi-même la passion platonique que la coquette vous a soufflée au cœur.

— Vous êtes un grand roué!

— Ma foi, oui.... Allons! Charles, oublions tout. Vive la joie et l'amitié!

— Vive la mort!

— Ah! ah! ah! ah!

— Hi! hi! hi! hi! hi!

LXVI.

Ernest, comme agité par des pressentimens particuliers, m'accompagna silencieusement, à travers les rues solitaires du Marais, jusque sous le balcon de madame de Liadières.

Une lampe veillait dans la chambre à coucher...

L'amant toussa trois fois. Une forme

blanche se dessina derrière les rideaux de soie rouge. La fenêtre s'ouvrit timidement. Il en descendit vers nous une échelle de corde.

Je me glissai le long du mur, pour la saisir, et prévenir les regrets de mon ami. J'allais monter chez la Comtesse; et il n'osait pas encore s'y opposer.

Cependant une fausse honte le prit tout-à-coup. Il lui déplut probablement de poursuivre le rôle indigne qu'il avait accepté, par soumission, dans la maison de jeu. Il murmura; il se débattit contre sa promesse.

J'insistai.

Nos paroles se mêlèrent; et déjà nos mains s'échauffaient à la lutte, lorsque la fenêtre se referma soudain... Olympe avait reconnu deux voix!...

Ernest me conseilla de partir. Je refusai. Je m'attachai à cette corde fatale, et j'espérais parvenir enfin chez notre imprudente maîtresse, quand elle craindrait de se compromettre, en me laissant faire du bruit sur son balcon. Cette idée m'enlevait par les épaules, et je me croyais à peu près des ailes.

Mais ce Vaslin imbécille se réveilla de sa léthargie et me menaça de secouer, d'en-bas, l'échelle incommode, qui tremblait au moindre vent...

Si je n'eus point frayeur de sa résolution, je ne sais pourquoi je me retirai à quelques pas. J'écoutais, appuyé sur le parapet de la Seine, les gémissemens monotones de l'eau. Il me semblait, malgré moi, assister aux derniers soupirs d'une victime qui râle, au loin, dans l'ombre. Mon œil fasciné se fixait sur ces nappes verdâtres, dont le spectacle a toujours ébranlé, par une puissance mystérieuse, mes plus inquiètes, mes plus tumultueuses, mes plus vagabondes, mes plus souterraines, mes plus mentales, mes plus élémentaires, mes plus divines ou infernales sensations. Je n'étais plus, pour ainsi dire, un homme, mais une pensée. Cette pensée portait un crime, comme l'air porte la foudre, comme la mer porte l'orage. Le ciel, l'onde et le cerveau humain ont le même génie : il y a le bien ou le mal, la vie ou la mort dans un de leurs caprices....

Ernest se hâtait de profiter de mon absence, et quittait la terre avec une incroyable facilité.... La croisée d'Olympe s'entr'ouvrit de nouveau, et des baisers que ses doigts adressaient à mon rival courageux, m'avertirent de m'approcher.

Aussitôt il me revint en mémoire que je pouvais tout braver maintenant, avec l'impunité du suicide que j'avais résolu pour moi le lendemain; et de mes deux bras je balançai, suspendu au milieu de la corde, celui qui retomba ensuite sur le pavé sanglant à mes pieds.

Je voulus le remplacer au rendez-vous qu'il m'avait vendu avant qu'il expirât tout à fait son âme misérable. Mais il ne vit rien. J'avais réussi trop vite à le tuer...

Du moins celui-là est mort!

LXVII.

— Madame la comtesse, je suis désolé de vous surprendre.

— Quoi! monsieur, vous ici! vous!

— Silence! madame..... Ainsi vous ne m'attendiez pas?

— Monsieur, je...

— Ne balbutiez point..... ne rougissez plus... Vous deviendriez trop dangereuse, et je n'ai plus de droits sur vous, Olympe.

— Charles, je ne vous répondrai jamais avec pruderie, mais seulement franchise. Je désirais ne plus me retrouver en face de vous, monsieur. Je ne crains nullement vos reproches : hélas! vous ne pouviez me reprocher d'avoir été si peu aimée de vous... C'est vous seul, monsieur, que je crains.

— Daignez vous expliquer... — Puis-je m'asseoir pendant que vous continuez à rester debout, madame ?...

— Oui, Charles, oui, votre présence m'a toujours accablée d'un malaise indéfinissable. Je ne dis point qu'aujourd'hui je ne sois plus maîtresse de cette terreur étrange : cependant, mon Dieu! que vous êtes immobile! Parlez-moi donc, je vous en prie.

— Madame, vous attendiez quelqu'un. Ce quelqu'un viendra tôt ou tard. Il est deux heures, dans ce moment. Eh bien! vous verrez la personne à trois heures précises.

— Quelle personne, monsieur?

— Celle que je devance et qui m'a fait jurer, sur mon sang, d'exécuter ses désirs secrets.

— Vous cherchez l'occasion de m'effrayer encore, n'est-ce pas, monsieur?

— Non, madame.

— Comme vous me répliquez *non* avec froideur, monsieur! J'en ai froid.

— Voulez-vous me permettre, comtesse de Liadières, d'obéir aux instructions que j'ai reçues de vous désennuyer jusqu'au tête-à-tête dont un autre se ménage la jouissance?

— Ce n'est pas une faveur que vous ambitionnez bien tendrement, monsieur Charles!

— J'exige ce que vous appelez une faveur, au nom de celui que je précède ici.

— Mais, décidément, vous avez l'intention de m'effrayer!

— J'y consens, si vous pensez que cela me sert à quelque chose.

— Charles, Charles, ne vous vengez pas ainsi de mes inconséquences. Que feriez-vous si je vous avais trahi? On ne trahit que quand on est aimée. J'ai eu l'orgueil de vous imposer cinq minutes d'amour pour moi, au prix de tous les sacrifices, de toutes les abnégations auxquelles une femme peut se soumettre. Puis vous m'avez humiliée en me traitant comme une espèce de sujet à dissection sous le scalpel d'un chirurgien d'amphitéâtre. Oui, je n'étais pas digne de cette autopsie morale à laquelle vous me condamniez : pourquoi vouliez-vous étudier un squelette? J'étais une femme. Ce n'est pas avec la science qu'il faut sentir les femmes : c'est par le sang du cœur. Nous valons mieux d'ailleurs qu'une esquisse psycologique, qu'un roman, qu'un drame, que toute manœuvre littéraire : nous sommes un instinct; nous sommes, pour vos yeux, une étoile sympathique qui rend fou celui qui regarde trop long-temps; nous sommes plus que la moitié de vous; nous sommes la vie que vous passez dans votre sommeil; et prétendez-vous disposer le plan de vos rêves? En gardez-vous le dépôt intact des souvenirs?

pouvez-vous les comprendre? réussissez-vous à leur demander ce que vous demandez toujours aux femmes : Soyez tristes, soyez gaies, soyez coquettes, soyez fidèles; adorez-moi; oubliez-moi; venez, restez... — Ah! Charles, Charles, vous m'effrayez de plus en plus à me percer de vos regards jusqu'au fond de l'âme!... Je tomberais à genoux pour que vous me fassiez grâce de votre vue et de votre sourire!... J'ai remarqué que vous haïssiez toujours ceux auxquels vous souriez... Car enfin, vous n'êtes pas un homme ordinaire. Hélas! que j'ai été coupable de reconnaître trop tard votre terrible supériorité!.. Je suis si bien une simple femme!.. Monsieur Charles, les femmes, voyez-vous, sont bêtes; elles sont toutes bêtes, vous dis-je. Pardonnez-leur à ces pauvres créatures. C'est malgré elles-mêmes, c'est naturellement que les femmes sont folles de leur corps, et qu'elles préfèrent de si petites choses aux grandes. Moi, par exemple, je fuyais ce mal que vous me faites quand je vous aime. Cela m'étourdit de penser autant toutes les fois que je suis près de vous. Je crois toujours que je vais tomber dans quelque creux... Par pitié, par pitié, deshabituez-vous de m'effrayer davantage!

— Quelle heure est-il, madame la comtesse? Avant que l'autre arrive, vous avez le temps de vous distraire de l'impression déplaisante que je vous cause, à chanter, à danser. Commencez par chanter, madame.

— Je n'ose pas chanter, ce soir, devant vous.

— Dansez donc.

— Vous ferai-je plaisir?

— Oui, madame de Liadières.

— Mais vous me répétez toujours ce nom de mon mari. Epargnez-moi; vous êtes intéressé à mes scrupules.

— Moi?

— Charles, vous êtes bien ingrat!

— Vous êtes furieusement coquette!

— Modérez cette colère.

— Vous êtes furieusement coquette, vous dis-je! Et voulez-vous que je vous montre votre amant, madame?

Je l'entraînai sur la rampe du balcon.

— Ce qui est là, en bas de votre croisée, ce qui est à terre, ce qui ne se remue pas, c'est le cadavre d'Ernest Vaslin!

— Horreur! Je ne m'étais point trompée : c'est vous qui venez de l'assassiner!

— C'est moi qui l'ai assassiné!

— Et vous le laissez étendu aux pieds de ma chambre à coucher! On le verra! Malheur! malheur! Je suis une femme compromise!...

— Infâme maîtresse! épouse adultère! je ne comptais pas sur tant d'égoïsme, même de ta part!...

Sa dernière réflexion l'avait poussée dans

une violente attaque de nerfs. Je la jetai au hasard, comme une guenille méprisée, sur son lit, insensible complice.

LXVIII.

Il ne me reste que du fiel si amer contre elle, cette femme, que je puis être l'esclave docile de la vengeance cruelle de son implacable mari... Je viole sa robe entièrement déchirée ; je découvre ses mamelles qui ont toujours été stériles ; je promène le poison au bout de mon toucher hardi ; j'échauffe l'épiderme de ses veines à boire la mort, une mort certaine, une mort épouvantable, une mort faite exprès pour elle. A son réveil, elle sera punie par tous les pores de ses adultères !...

Jusqu'à trois heures précises, je verrai cette épouse souffrir pour le compte de celui qui s'est imaginé, ne me reconnaissant pas, le bon vieillard! que j'avais besoin d'un sac d'argent pour pratiquer ce métier que je pratique là... Vous m'avez inspiré, mon cher Comte! Mais j'exécute encore de plus affreuses réparations que les vôtres, Dieu merci! quand je prends, selon moi, les mesures de ma justice. Je vous prépare un rare étonnement à vous-même, homme de si peu d'intelligence! Ah! que me paierez-vous ce corps du véritable amant de madame la comtesse de Liadières! Ne fallait-il pas le hisser à cette échelle de corde, dont il s'était servi tant de fois peut-être? Et l'embrasserez-vous, cet indigne ami, lorsque vous le trouverez inanimé sous les draps témoins du bonheur qu'il vous volait, comme un voleur impudent?...

Maintenant, ne tardez plus; entrez ici. Ce qui frappera votre attention, peut-être, c'est le portrait de madame la comtesse de Liadières sous l'emblême d'un Hymen allégorique, tressant, pour vous sans doute, des chaînes en guirlandes de roses, toutes roses. Ce sera touchante allusion !.... Entrez ici...

LXIX.

Je remis mon masque...

Le comte parut.

Il était tête nue, et croisant ses deux bras sur sa poitrine étouffée, comme avant la malédiction du duel...

Il me la désigna du doigt :

— Avez-vous fini ?
— Oui.
— Pourquoi dort-elle ?
— Ne craignez rien ; elle commence déjà à souffrir.
— Alors vous êtes bien sûr de l'effet de ce poison, n'est-ce pas ?

— J'ai étudié long-temps la chimie, et l'expérience que nous avons tentée réussira horriblement. Vous la verrez se rouler à vos pieds, dans les transports d'un amour égaré. Vous l'entendrez vous demander une caresse, et vous refuserez d'assouvir la passion brutale de cette épouse, n'est-ce pas?

— Oui.

— Voici des lames rouges qui passent dans ses veines brûlées! Sa gorge frissonne; sa bouche darde des langues de feu... Je vais me retirer... Son premier regard sera pour vous.....

— Ne sortez pas cependant. Je vous dois encore quelque chose.

— Que m'importe!

— Je vous défends de sortir, monstre que vous êtes. Je vous ai reconnu.

— Moi?

— Vous, vous-même.

— Quelle intention avez-vous, monsieur le comte?

— Je veux vous brûler la cervelle.

— Mais......

— J'ai acheté votre vie, et j'aime mieux la prendre que de vous laisser le choix d'hésiter.

— Je n'ai jamais été l'amant de madame de Liadières, monsieur.

— Taisez-vous. J'ai un pistolet armé; et vous m'avez rendu fou. Je suis fou de désespoir et de rage! Je suis fou, je vous le répète. Espérez-vous vivre maintenant?

— Vous allez tout savoir, et je vivrai!...

— Vous vivrez cinq minutes après son réveil.....

— Eh bien! qu'elle se réveille!...

Pendant le silence qui se fit, je pensais au cadavre d'Ernest que j'avais tapi sous les draps mystérieux.

— ... Je suis dans une fournaise! s'écria-t-elle... Mais c'est inconcevable, cette douleur qui me ronge! Je me suis donc endormie sur un brasier!.. O surprise! ô honte! ô terreur!... Deux hommes!... Deux masques!.. C'est vous, Charles, c'est vous!..... Mais l'autre, l'autre..... Quel est-il celui qui tremble ainsi?... Je ne rêve pas... D'abord je me sens bien souffrir... ensuite je me souviens de tout à présent... Hélas! que faites-vous donc là, tous les deux ensemble?.. Charles, Charles, votre compagnon m'épouvante..... Ah! du moins ce n'est pas l'ombre d'Ernest! Répondez-moi, répondez-moi!.. Ernest, Charles, répondez-moi donc!.. Vous, Ernest, vous surtout, je vous en supplie les mains jointes, donnez-moi un mot d'amitié!.. Ernest, ne vous détournez pas... Ernest, ne m'aimez-vous plus?... Ernest, je vous ai tant aimé!...

Je criai à mon tour :

— Vous apprenez enfin que je ne suis

pas l'amant de madame de Liadières, monsieur le comte...

Il s'était débarrassé de son domino... Il enserra cette femme à la gorge... il la secoua à terre... il lui appuya le genou sur le ventre...
. Cependant la Comtesse, moins stupide de peur, se prépare à une résistance imprévue, avec des forces surnaturelles. Elle se débat, elle se dégage, elle se relève. Elle veut fuir. Elle se cache. Je lui sers de rempart. Eh quoi! elle s'élance sur M. de Liadières... Elle lui arrache le pistolet dont il la menaçait froidement..... Un moment, elle est maîtresse de notre sort. Elle le comprend. Elle vise, presque à bout portant, droit à la tête de son mari, droit à la mienne..... Nous n'osons avancer... Elle choisit sa victime... Elle reste indécise, mais sublime de courage et d'exaltation... Puis, tout à coup, elle se décharge la balle meurtrière sur le cœur...

Elle tombe, en disant :

— Vous vouliez me punir ; je me suis tuée moi-même.

Le vieillard demeure impassible à ce spectacle... Il l'aimait !

En vain elle a espéré l'attendrir ; il l'avait trop aimée !... En vain elle implore, jusqu'à son dernier soupir, jusqu'à son dernier hoquet, quelque chose qui ressemble à de l'amour peut-être... Point de pitié !... point de larmes dans cet œil d'airain !... Rien de consolant, rien de tendre pour elle !..... Elle se meurt sans être regrettée !..... Son sang coule sans être étanché... Les fureurs de sa bouche encore lascive ne seront point apaisées... Et le vieillard, son époux, la repousse vers moi avec une insensibilité de glace...

Je la déposai sur le lit où était Ernest, dont je découvris tout à coup le cadavre auprès de l'oreiller...

Elle se dresse en sursaut; elle contemple ce visage, autrefois chéri; et toute déhontée, devant nous deux, le Comte et moi, elle le couvre de baisers sans pudeur et d'avides morsures...

M. de Liadières prit un flambeau, et se hâta d'incendier les rideaux et les toiles de cette chambre adultère.

LXX.

Ils périront tous trois ensemble...

Je me suis échappé seul, en me précipitant sur le balcon de la rue...

Maintenant je cours vers Nanine, vers madame Vaslin. Je pense que tout doit aboutir à elle; et je la jugerai bientôt en dernier ressort. Ce que je viens de faire était une préparation à ce que je ferai dans ses bras, si elle mérite la mort. J'ai un crime de démon dans la pensée!...

Après tout, j'ai besoin de m'encourager à l'audace, par cette détermination infaillible du suicide que j'accomplirai cette nuit même!... Mais pourquoi ce passant, que je vois, semble-t-il me suivre? Je m'éloigne de lui... Cependant ses pas pressent ses pas... Je me méfie des desseins de cet homme : je le redoute! Si c'était un assassin!...

Je n'ai pas d'or!... Le sait-il?

Je veux mourir; je m'en vais à la mort, de ma propre volonté!... Pourtant si c'était un assassin!..,

Que Dieu soit loué! mon assassin a disparu... Au fait, j'y réfléchis, c'est peut-être uniquement parce que je suis capable de commettre toutes sortes d'attentats, que j'ai accusé, dans ma conscience, ce passant d'un meurtre qui lui aurait été même inutile...

Je viens de laisser siffler le mot de conscience sur mes lèvres : s'il en existait une!

LXXI.

J'avais cueilli un bouton de rose blanche, sur mon chemin. L'œil du jour n'avait pas encore vu cette fleur non épanouïe, et c'était presque un mystère que les suaves parfums qui s'exhalaient à demi de son sein virginal...

Lorsque je me glissai dans l'alcôve pudique de la jeune fille endormie, où je violai le premier l'asile de l'innocence, je me repentis, je tremblai.

Il se répandait dans ce lieu de paix et de vertu de si douces émanations! C'était un oasis embaumé de molles fraîcheurs, d'aromes qui se jouaient dans l'air. C'était la couche d'une fée, avec la magie des ombres fantastiques qui dansaient aux rayons voluptueux et timides d'une lampe d'albâtre!. Tout était soie bleue et gaze : tout était grâce et candeur: il se respirait frais au cœur!

Je me penchai pour admirer respectueusement celle que j'aime. Des boucles cendrées descendaient, en désordre, le long de ses joues. Une coquetterie langoureuse avait pour ainsi dire scellé un sourire sur ses dents à peine aperçues, et qui ressemblaient aux jolis pétales des marguerites des prés. La pâleur de sa peau était transparente; et je croyais voir des anges refléter sur les ondulations de sa physionomie les éclairs de leurs ailes satinées.

Je l'effleurai au front d'un baiser timide, d'un baiser d'époux, d'un baiser de père.

Elle en devint toute émue, comme une sensitive.

LXXII.

Le bouton de rose blanche s'enfonça, malgré moi, sous ses chastes épaules, quand le mouvement qu'elle fit dans ce léger éveil, m'inspira la discrétion de me retenir loin d'elle... Peu à peu elle s'animait à la vie ; et pour surprendre le vol de ses pensées, je planais déjà au centre de son âme, ainsi que la science de Dieu sur l'univers...

Elle allongea ses deux petites mains sur ses paupières, et les entr'ouvrit. Elle roucoula dans son gosier un soupir inarticulé; elle s'exhaussa paresseusement sur son séant; elle déroula quelques papillotes, et baisotta ses cheveux avec insouciance. Elle vit mon bouton de rose blanche.

Elle devient rouge, comme une rose elle-même qui éclot au soleil d'été. Elle porte le bouton à son sein. Elle s'affaisse sur le coussin moelleux, et son regard vague s'arrête sur une glace qui tapit le fond de son lit. Elle est inquiète d'un désir.

Le bouton de rose blanche s'échauffe près du sein qui le couve. La corolle se désemprisonne peu à peu; la fleur et la jeune fille se colorent. Le bouton a fait son aveu d'amour.

Le sein bat et se presse de plus en plus sur le bouton de rose. L'amour profite du danger : la fleur s'enhardit, la jeune fille se retire et revient au sentiment qui la domine. L'haleine de la vierge ternit le miroir. La jeune fille s'approche. Elle s'observe avec plaisir. Elle s'enivre de l'encens de la rose, plus belle, plus flatteuse que jamais...

L'amour agace les impatiences du sein intelligent dont le sang bout. L'amour aiguillonne des souvenirs, des complaisances, des désirs. L'amour l'enlace dans une nuée, qui la berce d'un sommeil extatique. L'amour précipite ses lèvres sur la glace fidèle. L'amour colle l'un à l'autre des baisers trompeurs qui ne se répondent pas... L'amour renverse sur l'oreiller, fanées, sèches et flétries, la fleur de rose blanche et la jeune fille.....

Il y a eu adultère avant le mariage de mademoiselle Demassy !

LXXIII.

Maintenant que j'ai lu page à page, feuillet par feuillet, l'histoire des criminelles amours du sein et de la rose, je puis bien me présenter debout devant cette Nanine, sans aucun ménagement. Je voudrais, morbleu ! qu'elle étalât des airs de bégueule chasteté, parce que je suis simplement un homme !...

— O ! mon Dieu ! ô ! mon Dieu, fit-elle :

je ne vous permets pas de rester dans ma chambre à cette heure... Je succomberais de honte et de chagrin, si ma bonne mère apprenait vos imprudences... Pourquoi venez-vous, monsieur?..... Vous n'ignorez point que mes devoirs s'opposent à vous aimer... Je me marie aujourd'hui, monsieur Charles, je me marie aujourd'hui... Je vous ordonne de disparaître de ma présence, ou je vais sonner la femme de chambre qui dort à côté de moi..... Ne vous faites pas chasser ainsi... Vous me compromettriez inutilement... Charles, je vous reverrai peut-être plus tard... Monsieur, monsieur, votre sang-froid me pousse à bout .. Je vous mets à la porte... Sortez, sortez vite.

— Chère enfant, ne vous enrhumez pas à chanter des tirades pleines de dignité hors de cause. Seulement prêtez-moi un peu d'attention :

Vous m'avez engagé à vous adresser une

cour distinguée. Je me suis suspendu à vos filets. Je vous ai aimée vraiment. Le but de toute affection, c'est la réciprocité d'abord, et ensuite les preuves, les effets découlent logiquement des intentions qu'on a conçues. J'ai juré que je devais vous posséder entièrement, et vous soupçonnez que je ne prise les sucreries de phrases qu'à leur juste valeur. Si vous me refusez, vous ne m'empêcherez pas du moins de vous traiter telle qu'une statue. Alors je briserai votre existence, comme les formes d'un bloc de marbre..... Voyons..... quel parti prenez-vous? Me récompenserez-vous un peu de tous les tourmens dont je suis resté dupe, au sujet de vos farces de coquetterie?

— Charles, Charles, je vous aime... je vous aimais...

— Mais...

— Mais je ne vous comprends pas.

— Ah !

— Mais, je vous le redis, je me marie.

— Ah !

— Assistez à ma noce. A l'autel, au moment du serment, je penserai à vous.

— Ah !...

— Vous riez, tant mieux ! Il vaut mieux rire que de rester sombre comme vous l'êtes quelquefois.

— Ah ! ah !

— Désirez-vous que je vous montre mes robes ? J'ai des merveilles.

— Ah !

— Votre ami m'a fait des cadeaux que j'adore.

— Ah !

— Tenez, ces diamans ne seront-ils pas bien dans mes cheveux, ce soir, au bal ?

— A propos, une femme, que j'aimais peu, me sacrifia toute sa chevelure pour un caprice. Me sacrifiriez-vous la vôtre ?

— Non vraiment, pas même une boucle ! Je n'ai pas trop de cheveux pour les diamans de mon mari.

— Ah !

— Elle était donc folle cette femme-là ?

— N'en parlons plus.

— Je parie qu'il est question de la vieille comtesse.

— La comtesse de Liadières est morte ce matin. Je suis aise de vous l'apprendre.

— Comment ?

— Du choléra.

— Je ne la plains guère ; elle était la plus ridicule personne du monde.

— Ah !

— C'était une femme égoïste. Je suppose que M. Vaslin a souvent rejeté les avances que cette sotte lui jetait au nez.

— Monsieur Vaslin est mort ce matin. Je suis aise de vous l'apprendre.

— Vous badinez drôlement, Charles. Est-il mort, aussi du choléra, celui-là ?

— Oui.

— Vous ne variez pas assez vos manières de tuer les gens qui se portent bien. Amusez-moi donc par d'autres récits. Vous avez de l'imagination.

— En effet, j'ai de l'imagination. Ainsi, vous, par exemple, si je vous tuais, je devrais agir autrement. Vous qui êtes une créature rieuse, il faut trouver un expédient pour vous faire mourir en riant. Aussi je vais essayer de vous chatouiller.

— Je suis très-chatouilleuse, et je préfère jouer à de telles amitiés avec vous que de me soumettre à vos embrassemens qui ont l'air d'être des convulsions.

— Ah! ah! que vous êtes méchante et spirituelle!

— Monsieur, je me fie à votre honneur : vous n'abuserez pas de moi! Avant mon mariage, ce serait un si grand crime!

— Qui vous suggère cela?

— Ma mère. En me donnant, hier soir, sa bénédiction, elle m'a confié comme elle se trouvait contente de ne plus veiller sur moi. Elle m'a avoué que les imprudences d'u femme étaient moins dangereuses que celles d'une demoiselle...

— Cela est vrai.

— Que je suis heureuse d'épouser ce petit monsieur Vaslin! Que je suis heureuse! Il m'obéira. Je l'aveuglerai! Je serai libre! Que je suis heureuse!

— Riez donc.

— Adieu, pourtant, mes petits serins que j'ai là sur ma fenêtre. Voulez-vous que je vous les donne?

— Non.

— Ils font *phci*, *phci*, *phci*, *phci*.

— Riez donc.

— Pourquoi me renversez-vous pour chatouiller ma plante des pieds?

— C'est pour en finir. Je crains qu'on ne vienne. Et vous ne riez pas! J'aimerais mieux tuer vos serins que de vous tuer.

— Mais vous me faites sincèrement mal!...

— Vous vous trompez. Je plaisante. Je ris moi-même.

— Assez! assez!

— Non.

— Je n'en puis plus! je râle.

— Ah!

— J'étouffe!...

— Ah!

— Je me meurs!

— Je le sais.

— Adieu, adieu!

— Ah! ah! ah! ah! ah! ah!.....

Elle était effectivement froide sur le pavé, cette enfant que l'on aimait pour ses gentillesses... Elle est morte, celle qui riait toujours!...

LXXIV.

Mon tour est arrivé. Je touche au terme. Je ne reculerai point, parbleu !

Mais il serait ridicule de ma part de me faire transporter à la morgue, à la satisfaction d'une centaine de badauds par jour !

Ceci est trop commun; et vive Dieu ! je suis en fonds d'originalité, eu égard à mon siècle, que je représente symboliquement pourtant !

Donc le siècle étant menacé d'un cataclisme, je dois ma carcasse aux requins de la mer !

Je pourrais étaler ici une tartine d'épithètes sur ce sujet magnifique de la *mer* où je me plonge vivant; mais je suis las des atrocités que j'ai composées, et je ne demande qu'à me débarrasser de ce fardeau pesant.

A la mer, à la mer, le Trialph !

LXXV.

Dans la diligence, j'ai rencontré un comédien qui, voyant que je traçais des lignes noires de lettres sur des feuilles blanches, m'a pris en pitié, et m'a conseillé d'attendre un grand événement avant la publication de mes *Mémoires*, dont il s'est chargé près d'un libraire.

Là-dessus, afin de lui rendre service pour service, je lui ai demandé mystérieusement quel était le grand événement en question.

Alors avec un sourire fin, il m'a répliqué :

— Lisez ceci.

Et il tirait un livre sur le dos duquel était écrit : *Le Nouvel Évangile.*

J'ouvris le tome. Ce n'était que de la pâte de guenilles, vulgairement nommée *papier*, qui était reliée solidement.

Je le priai de remettre sa religion dans sa poche...

Nous nous complimentâmes long-temps, sur le port, en face de l'eau.

Il m'a quitté enfin, l'égoïste !

LXXVI.

J'aurais envie de m'asseoir sur cette pierre, plutôt que de mourir déjà ! Hélas ! je m'étais habitué à croire à la Providence de la fatalité... Oh ! ce n'est pas un mot que la Providence ! Oh ! ce n'est pas un mot non plus que la fatalité !... Comment se fait-il que je vais finir ?... Pourquoi si pauvre, si malheureux, ne suis-je pas mort plus tôt?... Toute ma destinée est inexplicable : finir si tôt et si tard!... Jeune, il faut subir ce dénouement souvent prévu d'une existence manquée après tant d'épreuves!... J'ai souffert, et je me consolais dans l'avenir : j'ai pleuré de rage, et j'espérais encore : cependant il n'y a plus rien aujourd'hui entre moi et la mort! J'ai cherché partout un obstacle à la détermination que j'ai prise. Eh bien! ma volonté demeure libre. Je ne trouve pas l'excuse d'un prétexte pour rentrer dans la vie, pour rester lâche peut-être. Je suis forcé de m'obéir. Je serai suicide......

Oh! le Dieu, le Dieu qui m'a fait, qui m'a nourri long-temps, où est-il? lorsque je vais détruire son ouvrage, où est-il donc mon créateur? Instinct de la nature, est-ce toi?... Je ne sens rien, en dehors de mon être, et je n'entends que les battemens de mon sang. J'ai là, dans le cœur, une répugnance invincible; et pendant que maintenant je baisse ma tête désespérée, il me vient à l'esprit des fantaisies d'imagination qui me brûlent le front, et la jeunesse que j'ai en moi me chante sans cesse d'étourdissantes flatteries!...

Ah! pourquoi m'est-il permis d'hésiter? Est-ce que ce serait là une espérance? Je voudrais bien espérer. Mais ce ciel, ces étoiles me regardent : les nuages flottent sur ma tête; et quel silence! La nuit m'effraie, et le vent ne me repond pas!..... et la lune brille avec complaisance sur l'abîme des abîmes!

S'il était impossible que je meure!... J'ai besoin de le croire... Eh bien! cela semble étrange... mais je le crois... Allons! du courage!... Mais dans la fatalité qui me poursuit, il faut que quelque chose me sauve malgré moi!... Tentons la Providence.

FIN.

www.ingramcontent.com/pod-product-compliance
Lightning Source LLC
Chambersburg PA
CBHW060057190426
43202CB00030B/1838